Estrategia
Conquista, uso y conservación del poder

Estrategia

Conquista, uso y conservación del poder

Dho Dho

AQUA EDICIONES

Título de la obra: *Estrategia*

Derechos Reservados © 2015 Dho Dho
y Aqua Ediciones, S.A. de C.V.

Registro ante el INDAUTOR: 03-2014-111411292400-01

Primera edición, marzo de 2015
Cuidado editorial y redacción: Jesus Linares Manriquez
Formación tipográfica y diseño: Maximiliano Hernández Álvarez
Comercialización y ventas: Mariel Colmenares Álvarez

www.aquaediciones.com

Ficha bibliográfica:
Dho Dho
Estrategia
112 pág. de 16 x 22 cm
ISBN: 978-607-9316-44-0
Aqua Ediciones, S.A. de C.V.

Hecho e impreso en México.
Made and printed in Mexico.

En agradecimiento
a mis seres queridos.

Indice

Estructura de Estrategia

Este libro es una glosa, un comentario, una interpretación y una adaptación personal de las ideas expuestas por:

Thomas Cleary en *El Arte Japones de la Guerra*.

Thierry Ménissier en su análisis de *Le Prince de Machiavel* Collection: Les Classiques Hatier de la Philosophie.

Sun Tzu *El arte de la guerra*.

Mi sincero y profundo agradecimiento a estos autores que alimentaron mi lectura y mi reflexión, dando como resultado este modesto aporte que todo les debe; pues son sus ideas.

No hay nada nuevo bajo el sol, pero el sol es nuevo cada día para el que lo ve y también todas las cosas nuevas son cada día para quien las ve. Así intento traer en este libro a nuestra época y realidad esas ideas que son Estrategia para gobernantes, jefes y líderes que luchan por el poder y lo ejercen.

Estrategia I

Fuerza Salvadora. Mentira verdadera.

Maquiavelo escribió El Príncipe para Lorenzo de Médicis, quien parece no tomó mucho en cuenta este libro, que sólo se publicó en 1532. (5 años después de la muerte de Maquiavelo; él lo había escrito en 1513).

Lleno de experiencia política, Maquiavelo da consejos y muestra cómo puede instaurarse un poder fuerte, utilizando todos los medios necesarios para este propósito.

El tema de la corrupción está presente en El Príncipe. La corrupción está ligada al poder, al ejercicio del poder. Maquiavelo parece tener muy dentro de su pensamiento político el tema del poder, su conquista y la conservación del poder político. Maquiavelo piensa en la República y en el "Príncipe". Es un político oportunista, que, consciente e inconscientemente, utiliza sus ideas para llegar a puestos de poder y para mantenerse en ellos.

Maquiavelo es interesante y valioso cuando en su libro analiza políticamente los Principados que surgen en la Península; análisis sin embargo muy limitado si lo aplicamos hoy en día, pues, por su diversidad, los nuevos "Principados" son difíciles de analizar. El valor de su análisis, en esta obra, es porque el Príncipe (el Jefe) deberá ser un modelo de la acción política. El arte de la política puede ser esa capacidad del Príncipe para utilizar todos los medios necesarios en vista de conquistar, ejercer y conservar el poder.

El modelo que fue Lorenzo el Magnífico, da a Maquiavelo la oportunidad de mostrar a Lorenzo de Médicis, el nieto, que el verdadero Jefe, hábil y poderoso, sabe utilizar la fuerza más intensa, con mucha prudencia y tacto (cálculo y razón) en el momento adecuado. Maquiavelo le dice: "a los hombres se les acaricia o se les aniquila".

Algo aprendió Lorenzo de Médicis de esos consejos, apoyados en la realidad histórica en que vivían. El Jefe real y verdadero debe tener conciencia clara y total de la esencia del poder: el poder debe de ser real y efectivo, pues sólo así se tienen los instrumentos para su ejercicio y su aplicación eficaz. El poder debe ser y parecer total, sin límites, para que provoque miedo y admiración. Una vez que el Jefe decide algo, con reflexión y cálculo, en él no debe de haber debilidad ni claudicación. Ese es el secreto para ejercer de manera efectiva el poder y para conservarlo.

Cuando el príncipe actúa teniendo como máxima: "El fin justifica los medios" podemos ver en ese actuar la influencia del pensamiento de Maquiavelo. Sin embargo, ese fin: la conquista y la conservación del poder, lleva también en la manera de ejercer el poder, un valor que "purifica", redime, relativamente, ese fin. Ese valor es la justicia, entendida como el bien general, el de todos.

El príncipe de hoy día (persona o institución), encontrará aquí, en este escrito, palabras ya dichas, consejos ya dados, para ejercer el poder. El pensamiento, la razón, le ayudaran a crear sus propios valores. Pero esos valores creados por humanos serán relativos y convencionales, aunque necesarios para ese ejercicio del poder. La razón hará menos "brutal" el ejercicio del poder; la justicia, el bien común, el interés general, serán la norma de la acción del poder. Esta perspectiva ética del ejercicio del poder, no será debilidad sólo si se mantiene congruencia en el ejercicio del poder que va en pos de esos nuevos valores creados por el príncipe. Platón y Aristóteles, tocaron el tema y destacaron el papel de la razón que debe guiar al príncipe en el ejercicio del poder. Pensados y creados en cierto contexto espacio-temporal, esos valores son convencionales, pero eso no es obstáculo para actuar coherentemente y lógicamente. En nuestro mundo no hay absolutos ni pureza total. Lo esencial es la coherencia en el actuar.

Qui fait l'ange, fait la bete (El que presume de espiritual, muy seguido actúa como animal). El hombre no sólo es espíritu, es también instinto. El ideal, la perfección, son sólo parámetros. Nuestra realidad es hoy y ahora, aquí, en el tiempo y en el espacio histórico, y éstos no son sólo conceptos, sino realidades concretas resultado de la historia y de nuestros antepasados. Realidad con todas sus facetas; cualidades, defectos, corrupciones, aspiraciones, frustraciones, victorias… Esta realidad es el teatro dónde se desarrolla la aventura de la conquista del poder, de su ejercicio y de su conservación.

Maquiavelo es el principal guía de este escrito, de algunos comentarios y afirmaciones. Su influencia se nota cuando nos dice cómo ejercer el poder. Ésta es una vista muy personal de su pensamiento y de su actuar político en nuestras situaciones históricas diferentes, más no absolutamente diferentes. La ambición, el egoísmo, los ideales, las mentiras, la corrupción… son una constante en toda la historia humana, por eso citamos a Nietzsche y decimos que esto es *Humain trop humain* (Humano demasiado humano).

El Jefe (el fin y los medios)

Cuando el Jefe (el gobernante) tiene como meta gobernar, está sobreentendido que la conquista del poder ya culminó, y que ahora el ejercicio del poder le permitirá mantenerse en él. Maestro de la ilusión, artista del engaño, el Jefe crea su imagen para el pueblo; pero, también, no debe dejarse engañar a sí mismo por ésta ilusión. El debe mantener en mente que es él quien gobierna, quien ejerce el poder con máxima eficiencia.

La política del Jefe exige una nueva moral, nuevos valores que den coherencia y eficiencia a su ejercicio del poder. El debe de tener modelos para imitarlos y sobrepasarlos. Las virtudes nuevas creadas por el Jefe, el pueblo debe de adoptarlas. Esas virtudes son una consecuencia de los modelos conservados y renovados, también de las creaciones del Jefe adaptadas a sus objetivos y a sus metas.

El Jefe forjará un pueblo, le dará identidad, le creará nuevos valores adaptados a su realidad histórica y espacio-temporal. La eficacia política será el parámetro de esos valores, de esa nueva moral. Esta debe de ser la gran aventura que conducirá al Jefe hacia logros y victorias. Esos valores están más allá del bien y del mal de una moral "tradicional". Cuando el ejercicio del poder está guiado por la necesidad de conservar el poder y la del bien público, entonces el fin justifica los medios y eso es porque los parámetros nacen de una realidad política *hic et nunc*. El Jefe, en su misión política auténtica debe estar más allá del bien y del mal de las morales tradicionales. Sus valores y su moral son: la fuerza, la violencia, el engaño, pero ellos son sólo medios, instrumentos, para ser eficaces en la tarea de ejercer el poder para el bien general, el de todos.

Si el pueblo sufre, si el pueblo está en crisis, entonces el Jefe debe ejercer el poder con fuerza y con astucia para salvar a su pueblo. Los nuevos valores serán fundadores de una nueva manera de actuar de él y de su pueblo. La ambición y la fuerza, son valores instrumentales que tienen por objetivo el bienestar general. El Jefe debe estar atento a todo acontecimiento, leerlo y, también, cambiar lo que se tenga que cambiar. Los escrúpulos morales, humanistas, tradicionales, no deben de impedir la acción decisiva y eficaz del Jefe.

El uso político de la violencia lo condenan sólo los que se oponen, los que dividen, pero cuando ellos están en el poder, ellos también la usarían sin escrúpulos. La política tiene su propia moral y los escrúpulos humanistas y legales (del orden pasado) sólo dividen y frenan el avance hacia un mayor bienestar general. El Jefe, ayer, hoy y siempre, debe tener en mente, más allá de toda moral debilitante, que en su ejercicio del poder, el uso de la fuerza, no es más que un medio, un instrumento, para lograr la transformación histórica y el bien del pueblo. Asimismo, el Jefe no sólo tiene y ejerce el poder, también lo conserva y lo aumenta.

Lo propio de un poder decadente es de ser débil frente al mal y a la delincuencia, pero es severo con su pueblo y los más pobres. Los derechos humanos deben ser para esos humanos que viven según las reglas de la sociedad en que están y que la respetan. No se puede ser compasivo con los criminales, con los delincuentes, con los que lastiman a los demás.

La justicia está por encima de la ley, pues lo que salva a la ley de ser opresora y generadora de violencia es la justicia, el bien público, el bien de todos. Los intereses personales, partidarios, privados, no pueden justificar el uso de la violencia contra el pueblo en general. El enemigo, el mal, al que hay que atacar y vencer, son esos que atentan contra la paz, el orden, el bien general. Ser compasivo con el pueblo, pero ser duro e implacable con los que atentan contra la paz y el bien público.

Somos un pueblo con muchas leyes pero con poca justicia. Somos una sociedad con la boca llena de palabras huecas, vacías: "democracia", "con todo el peso y el rigor de la ley", "el imperio de la ley"... palabras sólo palabras.

Realmente, concretamente, no sólo hay que vencer al mal, al crimen, al caos. Hay que aniquilarlos. Dejar herido al enemigo sólo traerá venganza y violencia.

Sociedades en descomposición y violentas, alimentan en su seno contradicciones, como la lucha por los derechos y al mismo tiempo la violencia, que, de hecho, los niega. Para que los derechos humanos (no hay derechos que no hayan sido "hechos" por el hombre) puedan ser conquistados y respetados, tiene que existir un poder fuerte que dé orden y cohesión a la sociedad. El referente del derecho es la justicia, justicia que esencialmente es convencional, "arbitraria", pues es concebida por el humano, por una sociedad particular y en un contexto histórico preciso. Esa justicia es el bien común, el bien público: bienestar, prosperidad, seguridad. Eso es el fruto de los nuevos valores del Jefe. Sólo un poder fuerte e incontestable podrá aspirar a esa justicia para todos.

Los derechos humanos no deben ser un pretexto de seres "animales y criminales" que niegan a los demás esos mismos derechos que ellos invocan, para actuar con total impunidad. Legalismos impiden la justicia, eso y la corrupción hacen que ya no se tome en serio a la ley, que no se tenga confianza en esas leyes, en esos derechos que son comprados y "torcidos" por personajes e instituciones. Todo esto no es justicia, es corrupción disfrazada de "legalidad".

El Estado de derecho en estos casos es injusto. El derecho corrupto genera violencia, pues la ley se vende y se compra; bajo su sombra crece la podredumbre, la ruina de esta sociedad, por violencia, corrupción e ineficiencia. Por ello, se necesita un ejercicio del poder correcto, fuerte pero justo. La fuerza sin la razón, sin la reflexión, es una dictadura, opresiva; pero la ley sin la fuerza para su exacta y justa aplicación es débil, inoperante, generadora de violencia y de ruina para la sociedad.

El Jefe y la Política del Poder.

Basándome en escritos de autores anteriores (Maquiavelo, Sun tzu, Thomas Cleary, entre otros), mis pensamientos y opiniones se dirigirán sobre todo al gobernante, al líder, al Jefe de un pueblo. Según algunos de esos pensadores, la meta del Jefe es la conquista, el ejercicio y la conservación del poder. Para ésta meta la moral tradicional estará subordinada a los nuevos valores, pero cualquier consejo y sugestión serán bienvenidos y deberán adaptarse a la nueva moral. Este modelo se irá construyendo él mismo, pues la eficiencia será el criterio de éxito para cualquier acción política que busque el poder y su ejercicio exitoso.

No es una revolución, ni cinismo, es sólo un simple y modesto comentario que quiere ser objetivo y realista para que el Jefe pueda reflexionar, inspirarse, criticar éstas ideas, estos comentarios que no son dogmas, ni nimiedades. Una glosa, unos comentarios, que nos sitúan en un presente, que es fruto del pasado, un pasado que puede ayudar en el presente y crear un futuro de relativa paz y felicidad. El bien común, el bien general, serán la meta de toda acción y de toda decisión política del Jefe.

El uso de la fuerza será algo puramente instrumental cuando la meta que lo guía sea el bien público; ésta meta lo purificará. No habrá referencia a valores morales tradicionales, la referencia serán los nuevos valores políticos. Los valores deberán ser creados por el Jefe; el bien y la justicia serán en función del bien y de la justicia que el Jefe concibe como realmente adaptadas a su pueblo. El Jefe se inspirará del arte de la guerra, del arte del engaño, de la fuerza y de su uso, y estos sólo como medios, como instrumentos, para alcanzar la meta.

El Jefe deberá estar consciente y convencido, que la política es cosa seria y que las buenas decisiones deben evitar los errores, deben ser eficientes y no moralizar la acción política. El fin justifica los medios sólo si ese fin es la justicia, el bien de todos y de cada uno. El uso de la fuerza, de la violencia, es sólo un instrumento que permite llegar a la meta, aniquilar las fuerzas que se oponen a la consecución de esa meta, que se oponen al ejercicio del poder del Jefe que desea y lucha por el bien de todos. El Jefe debe ganarse el respeto y la fidelidad de su pueblo, el pueblo debe temer y admirar a su Jefe. Para ejercer y conservar el poder el Jefe deberá hacerse venerar y respetar, manipulando la opinión pública, siendo eficiente y congruente en su discurso y en su accionar (un ejemplo muy interesante que nos hará reflexionar con provecho sobre el ejercicio del poder es el caso del poder religioso a través de la historia).

Hacer política es un arte, este arte de la política no se improvisa, no es sentimentalista, ni moralista. El Jefe conoce y reconoce las necesidades derivadas del ejercicio del poder que nos son dadas a través de la situación espacio-temporal e histórica de su pueblo. Entonces el Jefe se adentra en un análisis exacto y objetivo de la situación, de los problemas y de sus soluciones. El hombre evoluciona constantemente pero no crea nada esencialmente nuevo. El Jefe sabe leer e interpretar los hechos políticos que demandan acción, por lo tanto, el Jefe sabe utilizar los medios para dar soluciones a los problemas, para conseguir sus metas.

Las pasiones humanas están siempre presentes, la violencia criminal se presenta también como reto. Este reto debe de ser encarado con objetiva frialdad y tomar, entonces, los medios necesarios para triunfar, para vencer, para dar solución a los problemas. El Jefe será firme una vez tomada la decisión. La decisión se tomará después de serio análisis, de reflexión profunda y objetiva.

El uso de la fuerza puede ser una solución a la violencia ciega, obstinada y criminal. Fuerza que debe ser usada sin pasión, con objetivos claros y en proporción justa a la oposición presentada. La fuerza pasional es ciega, cruel, ambiciosa, por eso no debe temblarle la mano al que busca la justicia y el bien común.

El Jefe debe ser justo, sin dureza ni crueldad, para con su pueblo. El Jefe debe ser implacable contra aquellos que lastiman a su pueblo y que buscan sólo su propio interés; contra éstos el Jefe debe usar toda la fuerza que necesita el derecho a la felicidad de su pueblo. Los derechos humanos conquistados son para los humanos, para los que se comportan como tales, y no para los que actúan como bestias crueles contra los demás humanos. Tarea difícil para el Jefe, pues reconocer el deber y actuar en consecuencia es a veces doloroso y, sin embargo, deberá hacerlo con justicia, objetividad y con pleno conocimiento de la situación política que rodea su acción.

Incluso en el caso de los regímenes democráticos, republicanos u otros, el tema de la conquista del poder, de su ejercicio, de su conservación, es igualmente serio y difícil, pero también lo es para los regímenes no democráticos. Ese tema es igualmente serio y urgente. El Jefe, en cualquier tipo de régimen, debe de ejercer el poder con justicia y para el bien común de un pueblo preciso en un contexto espacio-temporal determinado.

El Jefe no moraliza su acción, los medios utilizados por él son necesarios para llegar a la meta, son medios cuyo valor es la meta a conseguir. Por eso la fuerza, la virtud del Jefe es lo que importa; su valor de referencia es el bien común, la felicidad de su pueblo. Para ello él podrá utilizar los medios necesarios: la fuerza y la violencia contra lo que se opone a esas metas. Esa capacidad del Jefe para actuar según las exigencias de la situación sin perder de vista la meta, eso es su fuerza, su virtud. Esto en el ejercicio del poder es fundamental para su conservación.

Maquiavelo define progresivamente en su obra El Príncipe, la virtud en la política. La virtud es una cualidad que debe tener *El Príncipe* de su época, pero para los "príncipes" de hoy en día, ella es indispensable también. Ellos, los "príncipes" de ayer y de hoy, son los que conquistan, ejercen y conservan el poder. Tienen la capacidad de adaptarse a cualquier acontecimiento, lo hacen con *à propos* y de manera innovadora, precisa, sorpresiva, pero con éxito y de acuerdo a las metas ya mencionadas.

Todo esto no es, sin embargo, fruto de la improvisación. El Jefe de hoy debe ser un armonioso conjunto de cualidades que son la razón de su éxito: todo es previsto, preparado detalladamente y luego llevado a cabo con determinación y fuerza, con perseverancia y adaptación a los cambios que necesiten la acción y las decisiones. Sabemos que el referente de la meta del Jefe es la justicia y el bien público. El Jefe tiene, pues, esa virtud que es el compendio de todo lo enumerado. Esa virtud se pone de manifiesto en su comportamiento: fuerte, ingenioso, inteligente y consciente de sus alcances y de sus limitaciones.

El Jefe de hoy en día, con esa virtud política; sabe hacer amigos, sabe controlar enemigos, sabe actuar con "la astucia del zorro y la fuerza del león". La justicia, el bien de todo el pueblo, dan valor a esa virtud del Jefe. Esa virtud, ese poder, se hace amar y temer, puesto que el Jefe es la encarnación misma de ese poder. Poder que conquista, arrastra, convence...

El Jefe conduce sus hombres, sus fuerzas, victoriosamente, con disciplina, con justicia. El Jefe elimina a los enemigos del bien público, a los usurpadores. En su manera de gobernar el verdadero Jefe innova, es original. Todas sus cualidades se refieren a la justicia: amable y estricto, severo y comprensivo para con todos, amigos y enemigos. En su ejercicio del poder acordémonos de su meta: el bien y la felicidad de sus sujetos.

Toda moral es convencional y fruto de entornos históricos, espacio-temporales. Ciertas virtudes de la moral tradicional no son virtudes en política. El Jefe crea nuevos referentes, nuevos valores, ellos son la nueva ética que lo guía en su accionar. Este accionar también es determinado por las necesidades del poder en turno. Vemos que no hay ni Bien absoluto, ni Justicia absoluta, todos esos valores son en función de situaciones históricas y por eso nacen los nuevos valores del Jefe.

Para conquistar el poder y para conservarlo, hay que saber organizar política y militarmente a la sociedad, saber decidir a nivel local e internacional con diplomacia e inteligencia. Esto es la virtud, la fuerza, el valor de un líder, de un verdadero Jefe. En la conquista y la conservación del poder, el Jefe actúa, decide, ejerciendo ese poder con maestría, con arte, sobre todo con justicia, lejos de un moralismo hipócrita, lejos de escrúpulos paralizantes.

Adaptación

El Jefe debe adaptarse, debe crear una norma de comportamiento y de acción política, pero teniendo en cuenta el presente, que descansa sobre el pasado y que es la base del futuro.

Conocer y comprender su propio pasado, el de su pueblo, da al Jefe y a todos los hombres en general, la posibilidad de adaptarse a las circunstancias del lugar y de la época. La política está esencialmente ligada a la historia, la acción política nueva se basa en el conocimiento y la conciencia que tiene el líder de la historia, del pasado, convertidos en experiencia. El conocimiento, el más objetivo posible de la historia, permitirá la innovación conociendo los factores determinantes de las decisiones políticas. La historia no es el culto del pasado, ni la base de una fe ciega en algún futuro.

Lo que permitirá al Jefe político, militar, hacer asociaciones o analogías, entre el pasado y el presente es: el conocimiento y la conciencia del pasado. Se trata del análisis crítico y objetivo, de los sucesos pasados y de las experiencias presentes. Esto permitirá crear nuevas maneras de actuar en situaciones presentes urgentes, de capital importancia. Este feed back (retroalimentación), así creado, dará al Jefe la posibilidad de manifestar su virtud, su fuerza creadora en el ejercicio del poder.

La suerte, la casualidad, la fortuna, no serán tan aleatorias, ni tan imprevisibles, ni tan desconcertantes. El Jefe irá a lo esencial. Hay una ley: "nada desaparece, todo se transforma" y eso no sólo es en física, pues el hombre es y será un ser humano, de naturaleza humana, universal, sometido a las leyes naturales propias de su origen animal, aunque sus características culturales, sociales, varíen. Por esto el Jefe verdadero que hemos descrito, no tendrá dificultades para adaptarse e innovar en su acción política concreta y precisa. Cuando el poder está en juego, "el hombre es un lobo para el hombre" (Hobbes). Todo hombre tiene las pasiones de su naturaleza animal-humana, por eso el Jefe está atento para separar lo esencial de lo secundario. Así, él actuará con la fuerza del león y con la astucia del zorro.

El ser humano es un ser racional, sin embargo, muy seguido es el juguete de sus pasiones. El es razón, fuerza e instinto. El instinto está en nuestra naturaleza humana-animal y no es ni racional ni razonable. Cuando a un ser humano lo "guía" la pasión es inútil razonarlo, la pasión lo "guía" y ella es ciega. Parecería que el fuego debería combatirse con el fuego, que la pasión debería ser sometida con la fuerza, con la violencia. Pero el Jefe debe manejar la fuerza y la violencia en frío, actuar pensando. El Jefe no debe estar sometido ni por la fuerza ni por la pasión. No siempre es fácil pero no es imposible.

El verdadero Jefe no tiene escrúpulos morales en su acción política; él es creador de nuevos valores que son fundadores de ese nuevo pueblo. Cuando el Jefe quiere conquistar, ejercer y conservar el poder, él es amoral más no inmoral, puesto que su meta, su ideal, es el bien de su pueblo. Para este efecto el Jefe utiliza la fuerza congruente y prudentemente, pero con determinación. Esa meta es imperativa, aunque en lo inmediato, a corto plazo, deba sacrificar su imagen, puesto que la fuerza debe vencer a los enemigos del pueblo y del líder.

En esta manera de concebir el ejercicio del poder es necesario el equilibrio, la moderación, de manera sostenida.

Fuerza y violencia de parte del Jefe, no son un fin en sí, son sólo instrumentos, la voluntad y la intención del líder les darán significado y valor. En esto no hay ni engaño ni mentira, el fin justifica los medios utilizados por el líder. Ese fin es el bien público que el ejercicio del poder tiene siempre a la vista. El bien del pueblo, la justicia, aunque relativos y convencionales, son el fin que justifica los medios utilizados para hacerlos realidad.

Esos instrumentos: la fuerza, la violencia, contra los enemigos del bien del pueblo, son sólo instrumentos utilizados por el Jefe para realizar esa meta que purifica y da valor a los propios instrumentos. El Jefe no es cruel, ni tirano, él controla y utiliza esos medios, sin moralizarlos, para dar a su pueblo paz, bienestar, prosperidad, etc.

La política –La fuerza –La razón

Tradicionalmente en las sociedades humanas, los conflictos pueden resolverse a través del uso de la razón (razonamiento, argumentación…), pero cuando eso se muestra insuficiente, entonces deberá utilizarse la fuerza (Algunos filósofos antiguos ya lo habían dicho). El hombre es un ser racional, pero muy seguido ser racional no implica necesariamente ser razonable;

la naturaleza animal se impone, las pasiones dominan, la violencia negativa y destructora es el "argumento" de una razón impotente.

El derecho lo concibió la razón para humanizar al hombre, igualmente concibe una ética, una moral. De todo esto surgirán valores que tratarán de contener los excesos de nuestras pasiones, de la violencia. Debemos notar que Maquiavelo separa la acción política de la moral. La fuerza en sus diferentes formas es sólo un medio para conseguir, ejercer y conservar el poder. La acción política y sus objetivos son prioritarios; todas las consideraciones éticas y jurídicas vienen después, y separadas, de la consideración de las decisiones y de las acciones políticas. El Jefe utilizará la fuerza sólo cuando sea necesario, su utilización es meramente instrumental en el ejercicio del poder y su conservación, teniendo como fin imperativo el bien general.

La guerra es la utilización de la fuerza para llegar a las metas trazadas por una decisión política. Las guerras en sí mismas no son ni buenas ni malas, no son ni justas ni injustas; es el hombre quién actúa "bien" o "mal" según los valores de referencia (esos valores son convencionales y relativos). Por eso según Tito Livio "la guerra es justa para aquellos a quién ella es necesaria". Una de las metas para aquél que hace la guerra es la conquista de territorios físicos, económicos, políticos. A estos personajes Maquiavelo da nuevos consejos: cuando haces la guerra, no te apoyes sólo en mercenarios, porque éstos se vuelven ambiciosos e incontrolables, sobre todo si son victoriosos y también cuando se vuelven fuertes y numerosos (En la época de Maquiavelo el ejemplo de Florencia es ilustrativo a este respecto). Completando este consejo al Jefe: las fuerzas de defensa, los militares, deben de ser ante todo fuerzas locales, nacionales y cuando sea posible populares, ciudadanas. La fidelidad patriótica no es mercenaria, no se compra, ella se inculca. La fidelidad patriótica de un pueblo identificado con su Jefe, con su líder, es una garantía de fuerza y de poder. El Jefe debe fortalecer esa relación con su pueblo. Este debe ser su quehacer político número UNO.

Esto es considerar el quehacer político bajo las consideraciones y prácticas del arte de la guerra. De esta manera, el Jefe tendrá disciplina y orden, también esto le asegurará habilidad y éxito en la manera de conducir a su pueblo, en la manera de hacer política.

En el arte de la guerra la eficiencia es primordial, la eficiencia en la utilización de la fuerza en el ejercicio del poder. Este arte de la guerra hará del Jefe un maestro, un artista, en el manejo de la política y en el uso de la fuerza. Por eso en el arte de la guerra el Jefe aprenderá la aplicación con maestría de la fuerza en el ejercicio del poder.

En resumen, el verdadero hombre de estado, el verdadero Jefe y líder, es aquél que en la cuestión del uso de la fuerza, tiene como guía y aplica las palabras de Tito Livio "la guerra es justa para aquellos a quien ésta es necesaria". En la política, el arte de la guerra, el uso de la fuerza, es amoral. El uso de la fuerza, la guerra, son medios para conquistar ejercer y conservar el poder, teniendo como meta la justicia, el bien general. Aun en tiempos de paz el verdadero Jefe medita sobre el arte de la guerra y sus exigencias, así él y su pueblo tienen orden, armonía, disciplina. Esto es una condición para el buen ejercicio del poder, para la eficacia en política.

El Engaño -La Ilusión -El Poder

Fuerza sin astucia, fuerza sin inteligencia, no podrá vencer ni durar. Un proverbio chino utilizado por Mao Tse Toung dice: "Cuando el viento sopla la hierba se dobla, cuando el viento cesa la hierba se levanta"[1]. Los taoístas decían y dicen lo mismo, la interpretación es que mientras la fuerza opresora dura, es prudente pasar inadvertido, pero a la primera ocasión hay que rebelarse contra la tiranía, la fuerza opresora. Por

---

[1] Mao-Tse-Tung, *Libro Rojo*, Fundamentos (1976)

eso el Jefe debe entender que la fuerza sola no doblegará permanentemente, el Jefe sabrá entonces que la fuerza y la astucia pueden triunfar y así permitirle ejercer y conservar el poder.

Podemos interpretar que Maquiavelo y Sun Tzu piensan que el arte del engaño, es el medio más eficaz y económico para conquistar, ejercer y conservar el poder. Maquiavelo dice que sólo podemos comprender las relaciones entre rivales políticos a través de la utilización mutua de la mentira, del engaño. Los hombres en general y sobre todo los políticos, tienen tendencia a no cumplir la palabra empeñada, por eso la utilización de la mentira, del engaño, de la astucia, cuando el poder está en juego.

Este arte debe ser aplicado a todos los niveles y con todos, no solamente con los enemigos, también con los rivales políticos y hasta con el pueblo mismo. Este arte es un instrumento necesario para que el Jefe cumpla con sus metas: el ejercicio del poder para lograr el bien de todo su pueblo. Así, si el pueblo sostiene y apoya a su Jefe éste estará sólidamente instalado en el poder. Aun en un régimen republicano o democrático, en donde la libertad, relativa, encuentra facilidad de ser y permite rivalidades, desavenencias, desorden, el Jefe debe apoyarse en el pueblo y protegerlo, también apoyarse en los poderosos, cuidarlos y tenerlos vigilados. Para lograr esto el Jefe utilizará con astucia y fuerza el arte del engaño.

No podemos decir que en esta manera de ejercer el poder hay opresión, tiranía, más bien, hay cierto populismo y éste es la base del poder del Jefe. Los grandes y los poderosos son frecuentemente, por ambición, los enemigos del Jefe. La traición o las infidelidades, son más frecuentes entre los amigos poderosos del Jefe. El pueblo es el contrapeso. El pueblo es voluble, pero manteniéndolo cerca y contento se podrá ejercer el poder sin grandes sobresaltos. Esta es la utilidad del arte del engaño, del arte de la guerra, aplicado a la política. Mantener al pueblo contento, ilusionado, bajo el encanto ("charme"). Esto no es fácil, pero la fuerza guiada por la inteligencia sutil y astuta, ayudarán a lograrlo.

Los hombres se interesan más en los resultados y se fijan menos en las causas. Sin embargo, el Jefe debe cuidar las apariencias; él debe ilusionar al pueblo para conservar su apoyo y su confianza. Para eso debe ser un maestro ilusionista, un experto en el arte del engaño, y vestirse siempre con las cualidades de un Jefe, de un líder, cuando tenga necesidad de aparentar lo que todavía no es o lo que le falta ser.

La apariencia se presenta como esencia; las cualidades deben ser percibidas como parte de la personalidad del Jefe, pero nunca debe descubrirse que a veces sólo son una ilusión. Sin embargo, como al Jefe se le juzga por los resultados y no por sus intenciones o las causas de los resultados, entonces el Jefe debe ser, y parecer ser, y tener todas las cualidades y virtudes. El Jefe debe de ilusionar a su pueblo, y como no puede ser perfecto, entonces debe parecerlo. En el ejercicio del poder, la fuerza y la inteligencia le ayudaran a ser y a parecer, a ilusionar y a motivar a su pueblo. Así conservará el poder, ejerciéndolo como verdadero maestro y artista del engaño.

El verdadero Jefe sabe que nunca podrá darse el lujo de hacerse odiar, ni de perder el respeto de sus sujetos. Así, se puede decir que más vale que le teman pero que no lo odien. Los humanos son volubles, cambiantes, ellos odian fácilmente lo que antes amaron. El temor genera respeto y muchas veces los hombres prefieren el rigor, la disciplina, que los mantiene a respetuosa distancia, y no un amor que permite abusos, perdiéndose así la distancia y el respeto.

Las cualidades morales de la vida privada, en la política se consideran a veces "vicios". La estricta lógica, el rigor, el espíritu calculador, la disciplina severa en todos los sectores de la política, pueden parecer defectos, pero para la política producen resultados positivos. La bondad, la compasión, la comprensión, son virtudes en la moral personal, pero en política son a veces la ruina. Demasiada prodigalidad puede, en política, ser despilfarro con consecuencias negativas para el pueblo, empobrece al pueblo. Ser austero, ecónomo, podrá ser mal visto, pero si esos ahorros se utilizan para el bien general, los resultados serán positivos. El Jefe utilizará todo esto para obtener apoyo y fidelidad de sus gobernados. El Jefe actuará siendo y pareciendo tener las cualidades del líder, actuará para obtener apoyo y entusiasmo de sus gobernados. El objetivo será ejercer el poder de tal manera que el pueblo le ame, le tema, pero que nunca le odie.

El pueblo es difícil de contentar, voluble y apasionado, para bien y para mal. Más vale un pueblo respetuoso, aunque sea por miedo, que un pueblo rebelde por exceso de libertad. Hacerse querer y amar, es deseable, pero la pasión y el sentimiento son volátiles. Más vale obediencia por temor que amor caprichoso e inconstante. En política hay que desconfiar de la pasión y del sentimiento, son buenos instrumentos pero muy malos consejeros. El Jefe debe ser cuidadoso, debe tener y parecer tener todas las cualidades y virtudes, pero debe evitar el hacerse odiar.

Maquiavelo supo adaptar a su tiempo, a su realidad espacial e histórica, esa estrategia del arte de la guerra, que es en realidad el arte del engaño. Fue realista, pues su realidad espacio-temporal le dictó cómo adaptar ese arte del engaño, y así ser eficaz en política. La decisión política está basada en la habilidad del Jefe para ser eficaz y para parecer tener todas las cualidades, para no ser odiado, pero si respetado, temido, y si, posiblemente, amado.

El idealismo y el moralismo son bellos, pero para la política son modelos que están muy lejos de una muy prosaica realidad humana, lejos de la realidad del hombre sediento de poder, lleno de ambición. Hay que ilusionarlo, llenarlo de esperanza, porque ese hombre es sordo a los discursos virtuosos, espirituales, que piden sacrificios y que le prometen un paraíso lejos de esta tierra, en otra vida. El hombre vive al día, sus necesidades son urgentes y sólo se vive una vez. Por eso, la ilusión y la mentira, que les sirven y aprovechan, les encantan y serán preferidas a las verdades y promesas para otra vida. En la religión y en la vida privada la fe y la esperanza son virtudes, en la política la fe y la esperanza religiosas son ingenuidad.

El Jefe podrá seducir y manipular al pueblo cuidando su propia apariencia y sus apariciones. Mentir, engañar, pareciendo ser sincero y verdadero: él es el maestro del engaño en el ejercicio del poder. El Jefe debe guardar su posición, imponer el respeto, guardar la distancia, para poder maniobrar con su arte ilusionista. El Jefe es misterioso, fascinante, seductor, que ilusiona y que es y se ve como superior. Así el Jefe es el modelo que arrastra.

Él se perfecciona en su arte, pero no debe llenarse él mismo de ilusión. Él debe guardar el control de su arte y así controlará a su pueblo que voluntariamente lo sigue lleno de ilusión. El pueblo estará agradecido, convencido de esa superioridad benevolente, generada por la imagen creada por el Jefe mismo. La eficacia del engaño, de la ilusión, será para el Jefe el termómetro de su poder real. La ilusión debe ser conservada, alimentada, aumentada, pues ella es una realidad política, que si desaparece, entonces arrastrará al Jefe y a su poder hacia la destrucción y el desastre.

El Jefe es y debe ser la imagen de los deseos de sus gobernados. La imagen, la apariencia del Jefe, debe coincidir con la imagen que el pueblo tiene de su gobernante y que también es la imagen que proyecta él mismo, maestro y artista del engaño y de la ilusión.

La imagen proyectada por el Jefe debe ser la misma que su pueblo adoptará como si ella fuese su propia creación. El pueblo querrá un Jefe que encarne la imagen de sus deseos e ilusiones. Ilusiones que el propio Jefe habrá creado, hecho nacer, así, coincidirán él y su pueblo. El pueblo respetará y amará esa imagen. No se debe olvidar que si el pueblo vive de y con ilusiones, también son importantes para él los resultados tangibles. Estos resultados se presentan como una consecuencia lógica de las palabras y de los actos del Jefe, de esta manera se hará respetar y amar. En la política, como en la guerra y en el amor: "el corazón y la pasión tienen razones que la razón no entiende". Blaise Pascal

Un pueblo conquistado, subyugado, hechizado, por su líder, vive de ilusiones, de emociones, de pasión. Comentando el dicho: *on aime et on craint ce que soi meme on s´est donné*, podemos decir que nuestros dioses nos los hemos dado, nuestra fe los ha creado y por eso traduzco y interpreto: "amamos y tememos lo que nosotros mismos nos hemos dado". Así es como lo recuerdo.

Estrategia II

Presentación

El ser humano cambia en sus manifestaciones históricas, físicas, sociales, pero es el mismo ser humano en su esencia.

La perfección, la iluminación, (no importa la etiqueta), son simplemente una aspiración profunda, un deseo de infinito, creador de dioses, de instituciones, de valores, que puedan dar al hombre un sentido, un valor a su ser peregrino en esta tierra. Religiones, metafísicas, magia, supersticiones, instituciones políticas, militares, tratarán de acercar al ser humano al misterioso objeto de su deseo. El lenguaje vendrá a ayudarlo y a mantenerlo en la esperanza de acercarse, de identificarse con el Ser Supremo, Buda, Dios, Tao, Energía, etc.

Las palabras son traidoras pero necesarias, hay que utilizarlas y luego abandonarlas para ir a apoderarse de su contenido, de ese fugaz y misterioso Ser, Fuerza, Vida del Universo: ambición, vida mística, política, guerra.

El deseo del poder está en la esencia del ser humano. Por eso escribir sobre el poder, sobre el arte de la guerra, es una apuesta atrevida y una odisea. Solo trataré de comentar, interpretar y apreciar, pensando en la realidad mexicana, y así sacar algún provecho de esta lectura de ilustres maestros de política, de la espiritualidad. Espero que podamos extraer ideas, valores, que puedan servirnos y beneficiarnos aplicándolos y adaptándolos a nuestra realidad. Así, saldrá un México mejor y enriquecido, dejando de lado y aplastando, si es necesario, todo lo que frene su progreso, todo lo que le sea dañino, todo lo que se oponga al bienestar y a la prosperidad del pueblo.

Mi reconocimiento aquí a esos grandes maestros: Maquiavelo (El príncipe), Sun Tzu (El arte de la guerra), Thomas Cleary (El arte japonés de la guerra) y a todos los que hayan podido contribuir a este humilde escrito.

Dedicaré en particular este escrito a los gobernantes, (Jefes, Príncipes, líderes: políticos, religiosos, militares, sociales) al Jefe que debe asumir sus responsabilidades de Jefe. La conquista, el ejercicio y la conservación del poder son etapas por las que el Jefe debe pasar, llenar de éxito, para el bien y la felicidad de sus sujetos. El arte de la guerra aplicado a la política dará al Jefe la posibilidad de ejercer el poder de manera real y plena, con firmeza y con justicia. La fuerza es un instrumento del poder para lograr la justicia y el bien del pueblo.

Pre Fases

Hay que inspirarse del pasado de otros pueblos y culturas, para enriquecer nuestro pensamiento, nuestras realidades políticas, militares y culturales en todas sus formas. Parece que no hay nada nuevo bajo el sol, pero paradójicamente todo es nuevo a cada instante. La vida es muerte-renacimiento, perpetuo comienzo a través de infinitas muertes. Nada perece ni se pierde definitivamente, todo resurge, se transforma. Por eso el Jefe debe inspirarse de esos pasados y hacer de todo eso un renacimiento, un progreso.

Oriente y Occidente son etiquetas, divisiones y distinciones convencionales que permiten diferenciarnos y reconocernos puesto que las historias de uno y otro, sus entornos geofísicos, humanos, políticos y culturales, son propios, pero no salidos de la nada, ni tampoco independientes de manera absoluta. Guerras, conquistas, ocupaciones, aislamientos, religiones, todo está interrelacionado y hay una retroalimentación, voluntaria e involuntaria.

Alguien dijo que: "La humanidad está hecha más de muertos que de vivos". Todo ha sido hecho para ser hoy lo que somos. Somos lo que nos hemos forjado a través del tiempo y del espacio. Este escrito debe ideas, opiniones y comentarios a hombres de otros países y tiempos lejanos y cercanos. Visión nueva y propia de otras visiones y conceptos gracias a su inspiración.

Escribir sobre el arte de la guerra, de la política, sobre estrategia política y militar, es difícil, pues genios occidentales y orientales ya han escrito brillantes tratados, sin embargo, sería útil encontrar en esos tratados lo que permita la victoria en esos campos, siendo original y adaptando a nuestra realidad los aportes. Tener un pensamiento propio sobre las ideas de esos tratados ya es ser original, las ideas, el comentario sobre algo ya dicho no sólo es glosa, es, también, una nueva perspectiva. Lo "nuevo" es simplemente lo diferente a partir de los mismos conceptos y fenómenos, es una visión y un enunciado propios. El sol que desde siempre sale es el mismo sol, pero son mis ojos los que para mí lo "descubren" como nuevo y único. El sol es una realidad para todos y cada quien lo descubre y lo dice. Si otros han pensado y escrito sobre algún tema, mi lectura y mi interpretación de él serán únicas y originales. Cada lector tiene su lectura e interpretación, su pensamiento y su palabra serán innovadores al ser diferentes y únicos.

Introducción

En el universo entero la lucha por el poder genera violencia, ambición, inteligencia, traición. Muchos de nuestros políticos, cegados por el beneficio inmediato del poder, usan y abusan de él, sin medir las consecuencias. Medidas a veces "brillantes", populistas o demagógicas, preparan la caída de una sociedad que necesita libertad democrática pero no libertinaje político ni social. Sin disciplina social real y eficaz no hay estructura social ni económica verdadera.

La democracia y la libertad son valores y debemos luchar por ellos, pero no debemos confundirlos con desorden o debilidad. A veces, el poder se usa para corromper, y la falta de ideas realmente democráticas se compensa con discursos y actos populistas, demagógicos, que sólo manifiestan la debilidad y la ineptitud de los gobernantes. Quieren parecer demócratas y son sólo títeres ebrios de poder, hipócritas que sólo engañan al pueblo. Mueven aire y se agitan para hacer creer que actúan, pero son aspavientos disfrazados de actos de gobierno.

El hombre sabio, el estadista verdadero y el líder carismático, deben unirse en un sólo ser, en el verdadero gobernante. El poder y la autoridad serán su recompensa, y él sabrá utilizarlos como instrumentos y medios de acción y no como fines en sí mismos. Cuando él llegue al poder, debe proceder con inteligencia, tener un plan de acción, tareas bien definidas y jerarquizadas. Nunca atacar a todos los enemigos al mismo tiempo, nunca querer resolver todo junto y al mismo tiempo. Todo o nada es lo mismo, es inmovilidad, todo al mismo tiempo es imposible y por consiguiente igual a nada. La prudencia manda a actuar o a no actuar, según las circunstancias. Recordemos que el general invierno venció a poderosos ejércitos, al igual que los vientos divinos (kamikaze). Sagacidad, prudencia, pero férrea e inquebrantable voluntad una vez que pensamos y decidimos la acción o la no acción.

Hay valores que el estadista debe de manejar con mucha sabiduría y visión. La disciplina es uno de esos valores que todos y cada uno, sin excepción, en esta sociedad debemos tener. El valor más importante para todos y en todos los ámbitos debe de ser una disciplina total y estricta. Podría haber excesos y desviaciones pero para el hombre de Estado, sabio y prudente, los otros valores importantes y universales le sirven de referencia: el ser humano, el bien de todos y de cada uno. Los valores propios de cada grupo no deben causar daño ni injusticia a los individuos ni a la colectividad. Una sociedad honesta, disciplinada, trabajadora, educada, es fácilmente gobernable, pues con esos valores surge la justicia, la verdadera libertad, que es vivir conforme a los valores y leyes que permiten a cada quién de ser feliz. Algunos pensarán que este discurso puede ser fanático o idealista, pero el líder, el Jefe, debe ser alguien prudente y decidido, inteligente y eficiente, fuerte y justo, inquebrantable en su voluntad de actuar por el bien, el bienestar de todos.

Para eso deberá combatir con energía y determinación cualquier intento u acto que busque dividir o dislocar la unidad del grupo. Cualquier acto que se oponga a la disciplina democrática debe ser combatido para que se impongan la equidad y la justicia. Está permitido expresarse y manifestarse, pero sólo si no se busca dividir ni destruir ni socavar la unidad del colectivo y de la autoridad. Unir, pues, voluntades para construir una sociedad fuerte; unión por convicción y metas comunes. El Jefe, el verdadero gobernante, usa el poder para lograr llevar a cabo todo esto. Así, el poder es factor, causa de bienestar, y no es un fin en sí mismo, que justificaría el uso de instrumentos del poder para beneficio propio y de algunos, esto traería desorden, injusticia y sufrimiento.

Fase 1

Advertencias y consejos

1.- En el arte de la guerra y de la política, el misterio y el camuflaje son armas silenciosas y letales. La mistificación hará lo demás para lograr el control y la victoria. Así, se impide que el adversario adivine los movimientos, así, también, se esconde la lógica y el método utilizados y el enemigo no podrá atacar con certeza. El Jefe se disciplina hasta el punto de pasar desapercibido, su accionar será extremadamente discreto, su silencio es oportuno, su observación y su curiosidad son activas y permanentes, se desliza en la sombra, evita los reflectores y las apariciones narcisistas. La fuerza reside en la humildad atenta y dinámica, en el silencio misterioso y oportuno, la fuerza viene de un interior disciplinado. Los taoístas hablan de un "no-actuar", que no es ni pereza ni pasividad, sino la identidad con el ritmo del universo que recibe lo que llega y deja ir lo que se va. Este es el ser y el actuar del Jefe en todos los ámbitos y actividades: reserva, humildad, misterio, fuerza, confianza en sí mismo, disciplina y sentido de la oportunidad.

En la lucha por el poder, el Jefe mantiene el control superando las fuerzas adversas y centrífugas, derrotándolas con energía, sin compromisos ni sentimentalismos. Él se apoya en los fuertes y poderosos, no sólo económicamente sino militar y moralmente también. Después él procede inmediatamente a jerarquizar y a ordenar. Esta jerarquía u orden neutralizará todo intento de algunos para aprovecharse del momento y de la situación (la reunificación de fuerzas). Los líderes, los jefes, tendrán un lugar, una función, en la nueva estructura establecida al derrotar a las fuerzas opositoras y al integrar firmemente a los aliados alrededor de los nuevos valores y objetivos del Jefe Supremo.

El Jefe debe tener mucho cuidado en mantener controlados a los jefes opositores después de haberlos vencido, pero, también, a los aliados. Mantener bajo estricto control a las fuerzas militares, policiacas y sociales. El estricto control es: observación, espionaje, reglamentos, misiones específicas, controlar estrictamente a los más alejados, a los más sobresalientes, a los más activos. Así, el poder obtendrá más fácilmente la autoridad para bien gobernar.

Integrar es asimilar los valores de los aliados y de los adversarios, en una nueva jerarquía de valores, que no se vea como impuesta, extraña o extranjera; que sea, más bien, un sincretismo que ofrezca algo conocido o parecido a lo que se tenía y que no se vean como valores impuestos por el poder. Asimilar sin aplastar, sin remplazos forzosos ni humillantes. Valores que unan y lleven hacia objetivos adoptados y aceptados. La lejanía territorial y cultural favorece la disidencia, el espíritu de independencia. Apoyarse en los aliados controlables y controlados, sobre todo en los territorios lejanos y en los grupos disidentes, para sofocar todo intento separatista, revolucionario, divisionista. Estos apoyos y aliados del poder, deben ser integrados al sistema con cargos, funciones y tareas bien precisas, pero temporales, con permutaciones y rotaciones planeadas y previstas por el Jefe. No se debe dejar actuar sin control a estos aliados, el poder marea y las ideas de grandeza, las ambiciones, nacen naturalmente, hay que evitar, pues, que se crean o se vuelvan indispensables. Alternarlos en las misiones y tareas, también controlar y verificar su fidelidad de manera periódica.

2.- Un gran peligro después de la reunificación, de la integración, es la rivalidad entre los grandes; ella puede derivar en luchas internas que debilitan y paralizan al poder del Jefe. Éste deberá, con gran inteligencia y tacto, pero con determinación y claridad, no darles o retirarles el control de las fuerzas militares, policiacas y sociales. Repartir ese poder entre los incondicionales, que actuarán como catalizadores para evitar cualquier estallido. No chocar de frente contra los grandes, tenerlos cerca y controlados (observándolos, analizándolos).

Un peligro para el Jefe es atarse con compromisos, con alianzas, él debe comprometerse con prudencia y salir del paso rápidamente; aliarse con sigilo y terminar rápidamente cuando ya no sea necesario, sin embargo, nunca hacerlo brutalmente ni despóticamente, pues hay que dejar abiertas todas las posibilidades, no cerrarse las puertas, salir con astucia, inteligencia y sin enemistarse.

3.- A los poderosos encaminarlos hacia retos en el exterior utilizar su fuerza e influencia: económica, política y militar, en tareas de grandeza nacional y personal, sobre todo para que den brillo a estos personajes en el exterior y en sus áreas de influencia. Todo esto no debe interferir ni con la autoridad ni con el prestigio del soberano, ni tampoco con su poder. Los poderosos no deben oprimir al pueblo, el pueblo oprimido está descontento y algunos pueden utilizar esta fuerza popular contra el poder, los poderosos deberán cuidar de no polarizar al pueblo, la desigualdad muy grande es un poderoso explosivo. El soberano deberá controlar el ejercicio del poder de los grandes, evitar la pobreza y la desigualdad extremas.

Los "mini-Estados" son peligrosos, como también lo son el nepotismo y el favoritismo. Gobernar con justicia es difícil, pero si la justicia se da de manera visible, evidente, el gobernante tendrá el apoyo del pueblo, empero, siempre tendrá descontento a alguien, sobre todo a los que se creen mal pagados por él, a los ambiciosos y a quienes la justicia les estorba.

Para que el Jefe gobierne sin temor, él deberá estar atento para no ser débil, para ser firme pero sin arbitrariedad, para ser decidido pero con prudencia. Reflexionar, decidir y actuar; observar, prever, controlar. Escuchar pero actuar con atingencia, con decisión y con energía; corregir, aprender de los errores y de los aciertos, sobre todo creer y tener confianza en sí mismo.

El Jefe debe controlar y hacer progresar: la política, la cultura, la sociedad. Debe, también, promover valores que sean referencia y modelos para imitar. La disciplina es necesaria para no estarla imponiendo, igualmente las reglas y leyes que acotan el ejercicio de los derechos y libertades. Las reglas y las leyes deben ser claras, sencillas, poco numerosas, pero implacablemente aplicadas; con imparcialidad, con justicia y con humanidad, pues la ley está hecha por y para el hombre y no al revés. De esta manera, el Jefe representa y encarna al pueblo, a su conciencia, a sus necesidades y a sus aspiraciones.

Vigilar atentamente a los poderosos y mantenerlos al servicio de los objetivos del líder, evitar los cargos duraderos, hereditarios, evitar el nepotismo entre los poderosos, introducir en medio de ellos gente fiel al poder con cargos honoríficos, bien pagados; el objetivo de éstos será vigilar, espiar y aplicar las directivas del gobernante. Rotar y desplazar regularmente a los funcionarios lejos de sus bases o zonas de influencia y sin previo aviso.

4.- Adoptar y adaptar con espíritu abierto y mente innovadora, pero con prudencia, los nuevos valores e ideas. Las consecuencias de toda adopción de novedades, generará cambios de actitud, de ver y de pensar. Guiar es el deber político y social del gobernante para no verse inmerso en contradicciones ni en dificultades. Él no debe permitir disputas, ni fricciones sociales, políticas u otras. Si el cambio y las novedades, son fuente de perturbación, de inconformidad, o de desorden grave, entonces, suprimirlos, prohibirlos de manera muy firme y proponer un valor tradicional o un nuevo valor que no genere descontento. Tener cuidado de no tolerar ni desobediencia ni excepciones.

Pobreza y hambre son poderosos explosivos sociales. La desigualdad flagrante es la mecha de este explosivo. Los de arriba nunca ven hacia abajo pero los de abajo siempre ven para arriba, si el Jefe no pone remedio a la desigualdad, el desastre es inminente. Para evitar todos estos peligros, el gobernante busca nuevas alianzas que contribuyan al progreso y al bienestar general. El Jefe busca modernizar con ciencia y tecnología, sin olvidar el humanismo para tener paz y equilibrio. Es una mezcla difícil, pero él debe de encontrar la fórmula para lograr el equilibrio y la paz. Favorecer el intercambio nacional e internacional, pero buscando condiciones de ventaja o por lo menos de igualdad, para evitar el colapso frente a un intercambio desigual e injusto para la sociedad.

Frente a los enemigos del nuevo orden, exteriores o interiores, el Jefe deberá aplicar mano firme y someterlos. No crear miedo, sino nuevos comportamientos, ideologías y valores que forjen una conciencia nacional. Ser inflexible en la aplicación del orden y la disciplina, seguir siendo la referencia de las ideas y comportamientos. Tener confianza en sí mismo, proceder sin duda, sin vacilación. Puede ser que otros no compartan estas ideas, pero el Jefe sabe que todo es muy relativo en la realidad, sin embargo, él tiene convicción, plena confianza, prudencia, apertura y no debe admitir interferencias con las metas, objetivos y decisiones tomadas y llevadas a cabo. El ejercicio del poder es exclusivo del Jefe, guiado por el deseo de crear una retroalimentación entre él y sus gobernados. Justicia y bienestar, con orden y disciplina, podrán ser los factores de esta retroalimentación.

Hay inconvenientes por los excesos y desviaciones en este accionar del Jefe, como, por ejemplo, el aislamiento que a su vez trae consigo la asfixia. El Jefe debe, sin embargo, ayudado por sus colaboradores, controlar con prudencia, sabiduría y apertura, pero con disciplina y firmeza inflexibles, todos los sectores y las manifestaciones de la sociedad: políticas, culturales, religiosas, económicas, científicas y tecnológicas.

Frente al exterior, al enemigo o la competencia, ni aislamiento ni capitulación. Buscar el trato justo, equitativo, benéfico para la nación; impulsar la investigación, la sana y útil curiosidad, pero siempre valorando la disciplina, la fidelidad a la patria y a los suyos. Estar siempre al tanto de los avances, de los progresos en todos los sectores, así como animar cualquier iniciativa para mejorar. El pueblo verá que tener y pedir disciplina no es cerrazón, que hay interés por mejorar, por progresar para ser y estar mejor.

Un soberano fuerte no es fruto de la casualidad, la sociedad debe ser moldeada, educada, para crear y tener a tal líder. La sociedad está fusionada por valores que son transportados por la educación social, familiar, escolar y ética-moral. Las cabezas del poder podrán cambiar, pero el modelo será reproducido por esta sociedad que sigue funcionando con tales valores. Las épocas, las modas pasajeras, no podrán cambiar ese fondo que debe ser alimentado, continuado, enriquecido. La educación y los valores que sostienen esa sociedad son los factores más importantes más vitales y urgentes para el líder y la sociedad.

Los factores que más dañan al poder y al progreso son la desunión, la división. El Jefe favorece la unión alrededor de metas y valores. La unión no sólo se predica, se construye alrededor de una meta común, de la lucha por una conquista, una victoria. Este resultado aumentará la solidaridad y la cohesión alrededor del Jefe. Cuando faltan metas claras, objetivos bien definidos, entonces empezarán las desintegraciones, las envidias, las traiciones. Un líder sabe impulsar hacia logros, mantiene el esfuerzo y la fe en los valores.

5.- El estratega divide al adversario declarado, lo hace luchar contra sí mismo, contra sus propias fuerzas internas y lo opone a los adversarios exteriores, no le da tiempo para voltear hacia las fuerzas del estratega. Éste lo hace sentir poderoso cuando, en realidad, la debilidad del adversario hará que éste pierda en las confrontaciones, también lo hace dudar sobre sus capacidades. El Jefe sabe introducir la cizaña, la división, entre sus enemigos los más fuertes, y corrompe las fuerzas de sus enemigos internos. Él exalta a los opositores externos delante de sus enemigos internos. El líder sabe engañar a sus enemigos externos e internos guiándolos hacia objetivos lejanos que los desgasten y entretengan.

Frente a los enemigos poderosos, persistentes y peligrosos, el verdadero Jefe los atrae hacia sus objetivos, les hace creer que él cede, pero siempre guarda el control sobre cualquier compromiso. El Jefe debe tomar de ellos lo que le servirá para vencerlos y aprender de ellos lo que ayude a superarlos: tecnología, ciencia, arte, educación, ideas e invenciones en todos los campos. Imitar, comprender, analizar, aprender, para luego crear y así superarlos y vencerlos.

Saber es poder y el poder llama más poder. Aprender para saber; observar, espiar y analizar para aprender.

El Jefe deberá mantener firmes los valores, el rumbo hacia los objetivos, vigilar a sus enemigos y amigos, nunca ceder ante el desorden, la indisciplina, el chantaje. El líder sabrá pues enfrentar entre sí a los enemigos externos o internos, pero sin tomar partido ni dejarse ver; ser lúcido y no dejarse deslumbrar por las victorias, los honores o las lisonjas. Aprovechar, aprender de las victorias, de las derrotas y de los errores. La fuerza, la convicción, los éxitos y la inflexible disciplina interna de la sociedad, deben obtener para el gobernante más reconocimiento interno y externo, pero cuidado con la envidia, la desconfianza y el miedo. Ser, pues, prudente, mostrarse sin agresividad, pero firme, enérgico y sin debilidad.

El progreso, la prosperidad, la abundancia, muy seguido corrompen el carácter; la vida fácil, el lujo, las comodidades, el dinero, empiezan a verse como fines en sí mismos y no como medios o instrumentos para lograr el bienestar físico, material y espiritual. La comodidad nunca debe hacer olvidar el amor al esfuerzo, a la disciplina y al espíritu pionero y conquistador. El Jefe sabrá ser el modelo y tomar las decisiones y las acciones que alimenten y sostengan esta fuerza: disciplina, dinamismo, orden, jerarquía. Evitar, pues, que lleguen las desigualdades, que ellas se hagan más grandes, con la llegada del confort, del auge, de la riqueza. Tener rectoría sobre la distribución de la riqueza, sobre el acceso a las oportunidades. Basar las promociones sobre los méritos, sobre la educación y formación, sobre los valores, la creatividad, etc. Es importante insistir en no dejar crecer la desigualdad que puede llegar a ser un factor muy peligroso para el poder.

6.- Dar trabajo a todos. En tiempos de crisis cualquier trabajo es bueno si da a cada uno la posibilidad, no sólo de sobrevivir, sino de vivir, de vivir con dignidad y con la posibilidad de salir de la crisis. Impulsar los valores como: el esfuerzo, la energía, el espíritu creativo, la educación. En épocas difíciles; valorar el sacrificio por el bien general, la austeridad y el deseo y la voluntad de resolver los problemas. En épocas benévolas; favorecer el ahorro, la inversión, las iniciativas positivas. En cualquier época o momento; mantener en alto los valores de disciplina, esfuerzo, orden y superación. Cuando surja algún conflicto entre los valores nacionales, locales, y los valores "importados", hacer renacer el nacionalismo progresista e inteligente, desalentar el conformismo, el fatalismo y el "chovinismo", levantar los valores que unan, cerrar las puertas de manera enérgica y decidida a cualquier factor de división o de desorden, dirigir todo el esfuerzo nacional -incluso el militar- para combatir la pobreza, las agresiones, el conformismo, el pesimismo y el anti-patriotismo. Impulsar y desarrollar el espíritu pionero, conquistador, patriótico, para sacar adelante esos valores nuevos y tradicionales que den al pueblo confianza y fe en sí mismo. Espíritu que no retrocede; que no tiene tiempo para lamentaciones, que ve para adelante, que antepone el interés nacional a cualquier otro y que lucha por que la nación sea la primera y la mejor en todo. No desechar lo extranjero; traerlo, entenderlo, asimilarlo y mejorarlo, así seremos creadores y progresaremos.

7.- El poder y la fuerza deben ser "camuflajeados", pero no renegados, para confundir a los enemigos, para no incomodar a los aliados ni a los amigos. Nunca revelar el poderío, a menos que sea absolutamente necesario, y si se tiene que utilizar, entonces, se debe tener la seguridad de vencer. Nunca debilitarse corriendo en todas las direcciones, concentrar el ataque, planear bien la campaña y la progresión de la guerra, de la batalla. Tener fe y confianza, pero también inteligencia y decisión.

Un verdadero Jefe y líder trata de aprender de la experiencia, de la historia, de las victorias, pero, también, de las derrotas y fracasos. Los errores que cometemos regularmente los humanos, el Jefe trata de no caer en ellos.

La arrogancia y la ingenuidad, si no van de la mano, a veces se acompañan, pero en todo caso terminan igual: no viendo con objetividad o realismo las necesidades del pueblo e ignorando el movimiento de la historia. Muchos gobernantes, jefes, sólo han creído en la fuerza, otros sólo en el humanismo, también es un error dar soluciones sólo militares o de fuerza a problemas sociales, económicos o algún otro. La fuerza, la violencia legal, es ayuda y apoyo, a veces definitiva, pero cada problema debe enfrentarse y atacarse con los medios apropiados para resolverlos. Si la fuerza del orden es necesaria, hay que utilizarla con determinación, reflexionando y con lucidez, pero sin escrúpulos ni remordimiento. Cuando la fuerza policiaca o militar, deba de utilizarse, tener bien claros en mente los objetivos, la finalidad y también los límites temporales y "sociales" de esta utilización. Este tipo de soluciones de fuerza conlleva el peligro de reacciones que deben ser analizadas y controladas, pues la espiral de la violencia, los estallidos sociales y las guerras, son consecuencia de la falta de previsión y de control cuando se quiere dar sólo soluciones de fuerza. Si la presión de la fuerza desaparece, surge de nuevo el problema que no fue resuelto sino aplastado, sólo el temor hizo venir la calma. La fuerza puede ayudar a encontrar soluciones y a aplicarlas, pero sólo la fuerza no es una solución ni verdadera ni durable.

El hombre siempre oscila entre el deseo de libertad y el deseo de seguridad, sin embargo, él quisiera no tener que escoger y tener los dos realizados al mismo tiempo. En el ámbito social, el hombre quiere más libertad, quiere seguridad y más poder. El ciudadano le pide las dos cosas al Jefe, el gobernante tiene en cuenta esas aspiraciones y trata de cumplirle a sus sujetos, pero debe estar muy atento y vigilar que las envidias, el descontento, las ambiciones, no se desborden. La búsqueda y la realización de una justicia distributiva, equitativa y total, ayudará al buen gobierno, también, valorar el espíritu innovador, conquistador, pionero, en todos los sectores. Elevar los espíritus proponiendo metas culturales, intelectuales, morales, espirituales y demás por el estilo, afines a los objetivos del gobernante.

No olvidar que un pueblo tiene raíces, aun y cuando no son visibles, estas raíces alimentan y dan personalidad, creando características propias a esta gente. Este pueblo puede tener orígenes diferentes, pero también su historia los ha juntado y a veces hasta unido. Los mestizajes, las inmigraciones, los viajes al exterior, los medios de comunicación, probablemente han modificado su mentalidad de manera más o menos profunda e importante. El gobernante estará atento a no ir contra la corriente, a menos de tener control y poder sobre el nuevo curso de las cosas, entonces, aprovechará el momento para integrarse y, también, para darle impulso. Él añadirá fuerza al movimiento y dará dirección hacia el objetivo que nunca pierde de vista: el bien general. Los sectores y factores más importantes serán: la educación, la familia, la escuela, los medios de comunicación, todos orientados, dirigidos, para lograr avanzar en la misma dirección y lograr el objetivo que es la libertad, la justicia o sea: el bien público.

El poder desgasta y el poder ejercido largo tiempo desgasta más y no sólo desgasta la fuerza, sino también la autoridad. El soberano debe estar atento pues conforme pasa el tiempo, el poder envejece también, los achaques y defectos son entonces difíciles de curar. Por eso, él debe mover sus piezas, sus hombres; debe renovar Instituciones, debe rotar funcionarios en sus puestos. Evitar la rutina, eliminar en cada uno de sus sujetos y funcionarios el sentimiento de indispensabilidad, de impunidad, de propiedad de cargos y funciones; para eso él les da movilidad, los cambia en sus puestos y responsabilidades. Cuando aparecen las rutinas o la falta de motivación, puede traer consigo el conformismo, el estancamiento, lo que provocaría la asfixia del poder, así es como vendría la corrupción, la descomposición y la decadencia, esto es, la muerte lenta del poder y la fulgurante rebelión que acabaría con el gobernante.

Evitar que la dinámica del poder se paralice a causa de la institucionalización y la burocratización gorda, pesada e ineficiente. Tener una burocracia ligera, eficiente y dinámica, fundada sobre logros, méritos, fidelidad, disciplina, obediencia y disponibilidad. El poder, el soberano, son rehenes de esas instituciones cuando les dan demasiada independencia y libertad desmedida. Los Jefes, los líderes, de esas parcelas de poder deben estar sujetos al gobernante y ser dóciles, eficientes, fieles. El Jefe no debe tener favoritismos, no permite que perduren en sus puestos y funciones.

8.- En política, en arte, en religión, debe aprovecharse la dinámica de la fe y creencias populares y la ilusión de las élites políticas, culturales y militares. Si las victorias políticas, si los logros artísticos, si la espiritualidad religiosa popular, no son frutos que todos pueden disfrutar, entonces vendrá la decepción, la desilusión y con ellas el descontento, el odio o incluso la indiferencia, el desinterés y hasta el deseo de desquite.

Un desmedido control burocrático o de otra índole, puede asfixiar las expresiones artísticas, espirituales, intelectuales y científicas, pero el soberano podrá y deberá supervisar y reglamentar esas expresiones. Es difícil y delicado pero posible, si, con inteligencia, él se asocia con los líderes y jefes de esos sectores, para una estructuración que le dé un mayor y mejor control. Actuar con tacto e inteligencia, con astucia y diplomacia, pero con decisión, claridad y firmeza. Los partidos políticos, las organizaciones sociales de todo tipo, las asociaciones religiosas, todos deben estar estructurados e integrados alrededor del objetivo del Jefe, del Poder. Mantener estrechas y muy claras relaciones para todos actuar en coincidencia por el bien público. Los mini-Estados no son tolerables, pues dividen y debilitan al poder, además, el interés supremo es el bien público que está por encima de cualquier interés particular.

El gobernante sabe que gobernar con inteligencia y astucia será estimular y fomentar, en esos grupos difíciles, el gusto por las ceremonias, los títulos, las formas exteriores, las apariencias, todo lo que en definitiva les haga brillar los ojos, pero que es secundario y que los mantenga satisfechos, sobre todo en su ego. La táctica de permitir la libre expresión, la investigación, la innovación, pero en los límites de la gobernabilidad, del respeto por el ejercicio del poder, esta táctica dará al Jefe la posibilidad de lograr el objetivo único de ese ejercicio del poder: la justicia que es el bien de todos y de cada uno. El Jefe debe mantener y nunca perder el control de todos esos grupos, sectores y personas, así, habrá desarrollo y progreso; perder el control, cederlo, sería el principio del fin del poder.

Es indispensable establecer límites, reglas, pero no una censura ciega y arbitraria, en todos esos sectores para lograr la meta fijada. Eso solo no basta; debe promoverse y valorarse la disciplina, la organización, el trabajo metódico, para ello hay que utilizar los medios, la propaganda. Concentrar e intensificar la formación de élites con esos valores, después, formar de igual manera la sociedad entera en todos y cada uno de los sectores: educativo, productivo, de gobierno. Hacerlo con el ejemplo y en los hechos, no sólo con palabras.

El líder, persona o Institución, no puede darse el lujo de realmente compartir el poder. Aun en las democracias, la cabeza es el Jefe, el ejecutor, él que mueve el cuerpo, los músculos, de este cuerpo social y de sus fuerzas. Delegar funciones, encomendar tareas y objetivos, eso no es realmente compartir el poder, puesto que no lo divide ni lo debilita. El Jefe vigila que se cumpla lo convenido, lo encomendado, y si no lo hacen o se desvían de lo convenido, entonces con firmeza y decisión, ha de cambiar a los encargados de esas tareas, funciones y objetivos, además, responsabilizarlos de los resultados, fallas y daños.

Ser observador y estar atento al cambio, para adaptarse y adaptarlo, pero sin dar concesiones de poder. Ser tolerante pero nunca débil, nunca ceder a presiones ni chantajes. Utilizar el poder para aniquilar toda resistencia o desobediencia, ser implacable pero ante todo justo y siguiendo los valores y metas establecidos: el bien de todos y de cada uno. El Jefe sabe que todo poder es envidiado, él sabe que el poder no ejercido se debilita y provoca la violencia contra él. El Poder y la fuerza van juntos y deben ejercerse para el bien público y contra los enemigos de la paz, de la justicia y del bien general.

Fase 2

El arte de la guerra y el arte de gobernar

1.- Formar y educar.

Gobernar, jugar, pelear, ejercer un oficio o un arte, enseñar, no importa la rama o sector de actividad, al escogerla el grado de perfección al que se llega depende de la afinidad entre la especialidad escogida y él que la escoge, también cuenta la disposición efectiva y activa para lograr el grado de perfección deseado en esa actividad o sector de actividad. El estilo de vida que se lleva, entonces, dependerá de lo escogido, pero ese estilo debe ser llevado con orgullo, convicción, dinamismo y energía, sin titubeos, sin estrechez de espíritu, sin excesos desequilibrantes, sin huecos en la voluntad y la dedicación. Todo esto son conceptos y teoría pero también práctica y acción. Tener método, organización, previsión, y también; ser hábil, inteligente, con mucha capacidad de adaptación. Según Lao Tse actuaremos como actúa el agua: "ella actúa, se infiltra, se moldea, se adapta, nada la detiene, nada le resiste".

El formar este tipo de hombres hará grande a un país. Para formar hay que dar el ejemplo, enseñar actuando con valores reconocidos. La disciplina no se opone a la libertad; la política y el poder no deben pelear; el quehacer político, el ejercicio del poder, los deberes y los derechos humanos son complementarios y no antagonistas. Educar a cada miembro de la sociedad para que sea fuerte y culto, libre y responsable, disciplinado y creador. Fortalecer habilidades propias, desarrollar otras complementarias y necesarias para el equilibrio personal y social.

Continuar la formación, la educación, con la firme convicción de superar a todos los demás en cada uno de los sectores y en cada circunstancia. Hacer todo con la plena convicción y seguridad de triunfar, pero con base en la formación fuerte, disciplinada, metódica, abierta y dinámica, con sed de ciencia, técnica y práctica. Evitar absolutamente y con energía el diletantismo, la desobediencia, la inactividad. Superar en todo a todos, en todo sector y circunstancia, esta debe ser la meta de todos y de cada uno.

2.- El arte de la guerra.

La maestría, el dominio de un arte, (político, militar, deportivo, estético, etc.), depende en gran parte de la afinidad, de la unión, de la comunión, del practicante con el método, con el camino elegido, así como en el tiro al arco japonés, el arquero se identifica, se une, al blanco hasta formar y ser uno con él: jinete, flecha, blanco.

El arte de la guerra, no es el arte de matar por cualquiera que sea el motivo; éste arte exige: disciplina, rigor, dedicación, lucidez, espiritualidad, inteligencia, imaginación, meditación. Arte y habilidad que demandan total dedicación, práctica constante, atención e inteligencia, para identificarse con el movimiento y el ritmo del universo; observar, pensar, creer, actuar, teoría y práctica.

El arte de la guerra no es exclusivo de los militares, también es para los políticos, los deportistas, es para todos, para Oriente u Occidente, no importa el nombre o la etiqueta. El arte de la guerra es para todo ser viviente, consciente, pues la guerra es un estado, una etapa "normal" en un mundo de humanos viviendo en sociedad, pero viviendo cada quien su propia vida.

Todo parece contradictorio, paradójico, pues queremos la paz y preparamos y hacemos la guerra; todos queremos ganar en algo, competimos, esto es guerra, no importa la etiqueta o el disfraz que le pongamos. Vivimos sólo si primero sobrevivimos, la lucha por la vida no es ni pasiva ni pacífica: la violencia está en todo y ella es guerra, no importa el nombre o la realidad que sea. El arte de la guerra nos permite de sobrevivir, de vivir, con elegancia y eficiencia, con éxito y tranquilidad relativas, también con espíritu alerta, activo, con deseos de más y mejor. Esto es el arte de vivir muriendo, pues vivir es pronto morir, así se vive el presente, el que comprende que la vida no es eterna, que la muerte vendrá, ese vivirá plenamente su presente, su vida.

El arte de la guerra no es sólo arte con las armas, arte para militares o para expertos en artes marciales. El arte de la guerra va más allá de la maestría con las armas o con las técnicas de combate. El arte de la guerra es ciencia de la estrategia, aún más, es estrategia integral, total, en todos los terrenos. No sólo es para provecho personal, es más total pues la creatividad va más allá del egoísmo, del cálculo egoísta. No sólo es para el lucimiento personal, éste puede acompañarlo pero no es la meta principal. Maestría total, creatividad que participa de la Fuerza y de la Energía Universales, así como los seres somos partícipes de la fuerza de la Naturaleza en nuestro planeta. Esto es el arte de la guerra, arte que no se prostituye, ni se vende al lucimiento personal. La perfección, el arte, son limitados por ese lucimiento personal que los vuelven imperfectos e impuros. Este arte debe de ejercerse en la política, en el terreno militar, en las artes, en el terreno económico, pero con generosidad, alegría, desinteresadamente. Esto parece paradójico pero así es y es la mejor manera de perfeccionarlo y de triunfar.

3.- Taoísmo y arte japonés

Saber que vivir es pronto morir, no es ni malo ni morboso, ni debilidad, es ver lo que es y asumir el presente como punto fugaz en el devenir, punto que hay que abordar y al cuál unirse en su fluir ineluctable hacia la muerte, no importando si otra forma de vida-muerte le sigue. Esto último forma parte de las creencias y la fe personales. Soy lo que soy ahora y voy a ser lo que me he propuesto y lo que he hecho en la práctica del arte de la guerra. Debo entender, como los samuráis, que tengo que llegar a mi final como la flor de cerezo termina su proceso iluminado el cielo y la tierra con el esplendor de ese maravilloso crepúsculo, anunciando la muerte y la nueva vida.

En el amor y en la guerra, dicen que todo se vale, es cierto, pues vivir es amar y guerrear, todo en la vida y en la supervivencia es válido. Ganar siempre y en cualquier lado o circunstancia, en cada terreno, en todas las cosas. Ganar siempre a todos y en todo es el *leit-motiv*, el motivo fundamental, la razón de ser de una vida que es guerra-amor en todo campo, en todo tiempo, en toda actividad. La guerra y el amor deben ser tratados estéticamente, religiosamente; esto es un arte sublime, puro, total, único. "La verdadera vía de las artes marciales es practicarlas de manera que sean útiles en cualquier circunstancia, y enseñarlas de tal modo que puedan utilizarse para cualquier cosa."Miyamoto Musashi.[2]

En el arte de la guerra, la manera de ser y de actuar del agua, de la sombra, nos muestran el camino a seguir. El peligro es: el exhibicionismo, la vanidad, el querer parecer y aparecer. El agua penetra y actúa inexorablemente, la sombra se mueve y nada la aprisiona. Evitar pues el vano parecer y como dice Lao Tse: "El que habla no actúa, el que actúa no habla".[3]

Los japoneses llaman a la estrategia (a la práctica de la estrategia), el "arte de la ventaja". Para ellos, no sólo es habilidad, sino perfección de la práctica total y no solamente de una práctica parcial o de una especialidad. Perfección total en todos los campos y con todos los medios e instrumentos utilizados. No hay que convertir el arte de la ventaja en una estrategia ultra especializada, enfocada solamente hacia el provecho y el lucimiento personal. Prostituir este arte a la política, a la economía, al comercio, al dinero, es degradarlo hasta el punto de que ya no sea un arte, y que sea nada más una práctica más o menos hábil. El arte es perfección total, no debe ni puede ser solamente habilidad. La habilidad es fruto

---

[2]   Thomas Cleary en *El Arte Japonés de la Guerra*, Edaf (1996)

[3]   Lao-Tse, *Tao Te King*, Mandala Ediciones (2012)

de la práctica constante, el arte es fruto de la identificación total con el devenir y el ritmo del Universo. El arte surge de adentro y hacia afuera. La habilidad sólo es exterior, mecánica, técnica; pero el perfeccionamiento de todos estos factores podrá convertirse en arte total.

"El arte de la ventaja", la gran destreza, el arte de la guerra, tienen su modelo en el maestro carpintero según los antiguos japoneses (Musashi, Takuan).Tener al maestro carpintero como ejemplo, imitándolo y meditando su modelo, llevará a la gran destreza, al arte de la guerra; así el Jefe será organizador, director, deberá comprender las "medidas", sus decisiones, como el maestro carpintero, él sabe cómo construir todo y sabe acompañarse de sus colaboradores para realizar, construir y crear. Aprender, pues, todos los aspectos, todas las habilidades, de una función, de una profesión, de un negocio, no sólo por fuera, sino primero con los ojos del corazón, de la intuición, de la inteligencia, que se armonizan con el ritmo del Universo. Este es el arte de la ventaja (la estrategia).

4.- Aplicación. Práctica.

El gobernante verdadero, el sabio, el maestro guerrero, el estadista, practican la sabiduría que es fuerza, eficiencia, claridad. El Jefe da igualdad de oportunidades, según las posibilidades de cada quién; él explica, exige y hace efectivos los derechos y las obligaciones de cada uno, él no habla por hablar, actúa con prudencia y lucidez, con eficiencia y determinación.

Cada quién debe realizar lo que le toca hacer, en el lugar que le corresponde, según sus funciones y sus posibilidades. El Jefe distribuye a su gente con atingencia y no debe haber ni cosas ni personas desperdiciadas. De esta manera se desarrolla un Estado próspero y pacífico. Educarse y perfeccionarse permiten el progreso individual y colectivo. El Jefe y sus colaboradores se aseguran que todo y todos funcionen por y para el bien común, el bien público. De esta manera, en este Estado todo funciona según esta meta, también, de la misma forma, no se vuelve a la guerra de todos contra todos. Para esto hay que darle valor al bien común subordinándole el egoísmo natural, así se conseguirá una mejor calidad de vida con más seguridad y libertad. Este equilibrio es difícil de lograr y frágil, pero sólo así el Jefe avanza hacia la paz, la justicia y la prosperidad verdaderas y duraderas.

Fase 3

Apéndice Teorico-Práctico

Consideraciones para el que quiere llegar a ser Jefe
verdadero y no solamente de nombre.

"Se vuelve más fácil hacer cualquier cosa cuando llegas a no
tener nada en tu mente". El máximo en la concentración es
ya el comienzo de "la mente en blanco", de la intuición, de la
experiencia muy personal y profunda de la verdadera realidad.
Alguien en las artes marciales dijo que: "hay que aprender a
pelear para nunca pelear".[4] Es lo mismo que dicen y practican
los místicos y sabios taoístas y zen. Por eso en política lo
podemos aplicar y decir que saber intuitivamente es un final
de búsqueda y de acción, y que no es un sueño idealista,
porque es integrarse al ritmo de los seres y del Universo. No
son ni conceptos solamente, ni mentiras, es la concentración
total y la intuición apuntando a la verdad, a la justicia, reales
y concretas.

Ser maestro, diestro, en política o en cualquier rama
debe de ser fruto de la identificación con el quehacer
político, con la inclinación a ello, con la voluntad de ser y

---

[4]   Bruce Lee adaptó las teorías de Lao Tse

estar disponible y activo, todo el ser dispuesto a identificarse con el camino escogido. Los samuráis lo decían de las artes marciales, y así, también, es de la política: la perfección se logra basando la práctica en superar a los demás en cualquier rama, momento y lugar. Este proceder ha de extenderse a todas las actividades humanas, pero es un gran peligro demostrarlo. Con el exhibicionismo y la "comercialización" el arte no debe ser ni mercenario ni prostituido. Peligro es todavía buscar sólo el provecho, el interés personal, pues sería rebajar este arte de la ventaja, de la estrategia, y así caer en mezquindades que lo destruirían. El que hace esto se vuelve producto, mercancía, vendiéndose y prostituyendo esta sabiduría, exhibiéndose como "experto". Todo el ser y la energía deben enfocarse en aprender, en vencer, en nada ignorar de todo lo que se escoge hacer. Ser siempre el mejor en todo y siempre mejorar.

En la política, en el poder, el exhibicionismo conduce al fracaso. La fuerza y el poder crean y triunfan cuando ellas se armonizan con el ritmo y el devenir de los seres y del Universo. Las plantas crecen por la fuerza de la "Naturaleza", que actúa sin exhibicionismo, que es el dinamismo de todo el universo. Hacer sin querer hacer o no hacer, la mente en blanco, éstos son los secretos del poder, de la fuerza, del éxito real.

El líder, el Jefe, sabe dirigir, organizar, galvanizar, comprender y actuar en tiempo y lugar. Él sabe sacar provecho de todo, de todos, nada hay que sea inútil. Le da a cada uno una tarea, una función, para que realice los fines, las metas, que él se ha propuesto. Este Jefe es eficaz y exige eficiencia. Él avanza, progresa, con dinamismo, con inteligencia y con prudencia.; Él tiene y da confianza, sabe lo que quiere lograr, conoce los obstáculos y las posibilidades. Planea y organiza según las capacidades y las fuerzas de que dispone, según, también, sus probabilidades de éxito.

El gobernante es justo y sabio. La injusticia hiere y debilita al poder. Nadie es idéntico a otro; la igualdad en derecho, no es igualdad de hecho. Igualdad de oportunidad sí, pero hay que dar a cada quién según méritos, habilidades, capacidades y según las necesidades del líder para lograr sus metas. Él deja abiertas las puertas de la creatividad, de las iniciativas, que se armonicen con sus fines y sus metas: el bien y la felicidad de su pueblo.

El verdadero Jefe de Estado, experto en política, actúa naturalmente, va más allá de las apariencias, más allá de lo que parece ser o no ser. Hoy en día muchos aparentan ser Jefes, pero sólo aparentan, pues no tienen ni habilidad, ni método, ni inteligencia para gobernar. El verdadero poder está por encima del parecer y se sitúa en el saber y en el saber hacer. El inconveniente es que muy a menudo ese saber y ese saber hacer se utilizan con fines de lucro, con fines de beneficio personal o de grupo. Esas personas caen en la ilusión, en la apariencia y así se alejan del camino de la justicia verdadera, del poder real que transforma y perfecciona. Ellas abren las puertas a la mentira, a la corrupción, y así se instala en el pueblo la desilusión, la desesperanza.

En el mundo contemporáneo de la política reina la mentira y la corrupción, entonces, será difícil encontrar un Jefe verdadero que instale la justicia y el bien de todos. Consideración que puede parecer pesimista para esta sociedad que requiere liderazgo, podemos desear que los líderes de hoy se vuelvan Estadistas, verdaderos Jefes, o puede suceder que surjan de entre las luchas, guerras, revueltas y oposiciones, pero el precio que pagaría el pueblo sería alto en vidas y sufrimiento.

La preocupación es una enfermedad de la mente, ésta consiste en obsesionarse con un aspecto, o una cosa. En política, como en la guerra, hay que evitar y eliminar las preocupaciones y así el resultado será percibir y comprender con todo mi ser: ojos, corazón y todo mi cuerpo y espíritu. Percibir, presentir y anticipar intenciones; ver con los ojos, con la mente y el corazón para evitar errores. Eliminando las preocupaciones entraremos en armonía con el ritmo del Universo.

Nuestro mundo nos pide no sólo vivir, también sobrevivir. En esa lucha puede ser útil lo que dijo Darwin: "los más fuertes, los más hábiles y astutos son los que sobreviven y triunfan", pues son también los que mejor se adaptan a los cambios. No perder la armonía ni el equilibrio, nuestro ser es uno, nuestro cuerpo y nuestro espíritu son uno solo. Los taoístas llaman a esta manera de ser y de actuar: Wu Wei: el no–actuar como la integración al devenir universal, al ritmo de los seres; no es ni pereza, ni desinterés, ni fatalismo; tampoco se trata de una obsesión nihilista, ni de una fijación enfermiza. Es el vacío en mí de toda voluntad propia egoísta, vacío que se llena de esa fuerza que mueve el Universo. Vacío de mi ser aparente, mente en blanco que se armoniza con el fluir del Universo. No es fácil entenderlo y más difícil es ponerlo en práctica: se necesita disciplina para vaciar mi ser de toda voluntad propia y egoísta. La fuerza que rige el Universo es "objetiva", "neutra" y todo se realiza. El sentido, el significado, la interpretación son obra del humano pensante, un ser relativo al tiempo y al espacio que lo envuelven. La fuerza del universo sólo es. "Caminante no hay camino, camino se hace al andar"[5]. Preocuparse, obsesionarse, es creer que hay camino, entonces se tropieza uno con la ilusión y la mentira: lo que realmente es no se encierra en conceptos, la realidad, la verdad de los seres y de las cosas está en ellos mismos más allá del pensamiento y por eso devienen al actuar en identidad con el devenir universal, sin voluntad propia egoísta. Dice un pensamiento taoísta: "Tengo éxito, yo no sé ni porqué ni cómo, sólo sé que tengo éxito porque todo mi ser es conciencia de éxito".[6] Podemos interpretar y decir que esto significa: todo es y se hace naturalmente, sin voluntad propia, también, eso significa que tengo que entrenar para actuar sin fijación, sin obsesión, sólo adoptando el ritmo universal. Un proverbio zen nos dice: "esto es, pero si lo fijas ya no es".

La concentración que se aflige y se preocupa, la fijación que es obsesión, producen dolor y son obstáculos para esa identificación y esa armonía con el ritmo del Universo, que me daría el éxito supremo. Por eso debemos comprender las aparentes paradojas de la enseñanza, no sólo taoísta, sino zen, de artes de la guerra y de artes marciales: aprender a desaprender, aprender a luchar para nunca tener que luchar, saber sin aparentar saber, el Wu Wei que quiere decir hacer naturalmente sin desgaste, sin voluntad propia, pues sólo se

---

[5]   Canción y frase celebre de Joan Manuel Serrat

[6]   Lao-Tse, *Tao Te King*, Mandala Ediciones (2012)

puede llenar algo que está vacío. Es una disciplina, una ascesis, sólo para los destinados a ser gobernantes verdaderos. Sin ellas, sólo habrá apariencias y mentiras, el caos y el desastre para su pueblo son inminentes.

En el arte de gobernar, las enfermedades abundan. El obsesionarse con alguien o con algo, es condenarse a perder de vista el todo, el entorno total y sólo fijarse en detalles. Actuar así condena al Jefe político, militar, a actuar con precipitación, parcialidad y de manera mezquina.

El verdadero Jefe se perfecciona, para no caer en enfermedades como la obsesión, la preocupación, la ambición y otras del tipo. Ver primero con el corazón y la mente y poder así ver mejor con los ojos. No limitarse y ver solamente con uno o con otro, tratar de ver al mismo tiempo con todos ellos. El corazón y la mente significan que no se fía uno en las apariencias, que se va más allá de ellas, de lo que sólo parece. También son enfermedades el exhibicionismo, el querer sólo aparentar, son enfermedades de la mente, de la voluntad. Todo el ser es necesario para ser verdaderamente, no sólo limitarse a la mente, al corazón, a la voluntad. La realidad se percibe desde el equilibrio, que es perfeccionamiento sin obsesión, que es comunión con el ritmo universal; es mi ser total con todos mis sentidos, mi espíritu, mi intuición. Todos ellos son necesarios, como necesaria es la acción, acción como la de la naturaleza que crea, hace, con fuerza natural que es vida. Todo ser crece, evoluciona, naturalmente. El campesino no sale todas las mañanas a estirar, a violentar, el tallo de su siembra para que crezca más rápido.

El Jefe político o militar no debe limitarse ni obsesionarse con hechos o acontecimientos inmediatos, él debe mantenerse inalterable en su visión global, total; él fluye y se adapta al ritmo de los seres, de las cosas, del universo. El conoce con todo su ser: intuitivamente, sin fijaciones ni obsesiones. Cada hecho y momento contribuyen para que este equilibrio no sea inmovilismo sino armonía con el devenir universal. Así su acción no será limitada por un presente fugaz, ella se integrará a una realidad total y ella será creadora y eficaz.

El verdadero líder, el verdadero gobernante y Jefe, sabe convertir el conocimiento teórico, conceptual, en acciones reales y concretas, de manera natural y adecuada. Esto lo logra porque hay en él una conciencia clara, un conocimiento seguro y una intuición total. Este conocimiento intuitivo total y luminoso permite al Jefe liberarse de la parcialidad, de la relatividad cuando solamente se utiliza la voluntad, la inteligencia o los sentimientos. Así el Jefe actuará naturalmente y con eficiencia.

Sólo para verdaderos Jefes
Síntesis -Conclusión.

Citando a Miyamoto Musashi, traducido por Thomas Cleary, terminaré esta glosa-comentario:

1   Piensa en lo que es correcto y verdadero.

2   Pon en práctica la ciencia.

3   Familiarízate con las artes.

4   Familiarízate con los oficios.

5   Entiende las cualidades positivas y negativas de cada cosa.

6   Aprende a ver todo con exactitud.

7   Date cuenta de lo que no es obvio.

8   Sé cuidadoso, incluso en los asuntos sin importancia.

9   No hagas nada que sea inútil.[7]

---

[7]   Miyamoto Musashi, *Libro de los 5 anillos*, Dojo Ediciones (2010)

ESTRATEGIA III

"Hay virtud en no estancarse…Así que si quieres dejar lo pequeño por lo grande, date cuenta de tus fijaciones y abandónalas."

Susuki Soshan

"Antiguos maestros Zen han dicho que la virtud centrada en uno mismo puede ser incluso peor que el vicio".

Susuki Soshan [8]

---

[8] Thomas Cleary en *El Arte Japonés de la Guerra*, Edaf (1996)

Cómo gobierna el gran estratega

Consejos

El pensamiento estratégico de un Jefe político, militar, hábil y poderoso, es profundo y eficaz, aplicado a los campos políticos, militares, de asuntos civiles y otros semejantes.

Los países en relativa paz, que tienen jefes y oficiales que persiguen intereses personales y así oprimen al pueblo, son países flirteando con el desastre. El Jefe debe imponer una vigilancia estrecha sobre esos personajes que conducen poco a poco y seguramente el país al desmoronamiento.

El arte de la guerra, aplicado a la política, no debe ser sólo un lujo, no debe servir sólo al lucimiento, al "perfeccionamiento" personal. El arte de la guerra es primero un conocimiento fundamental para construir una estructura ética que dé cuerpo a una nación, a un ejército; también, es el conocimiento práctico, técnico, que asegura la victoria sobre el enemigo. El verdadero Estadista, el Jefe, es alguien que no está obsesionado por las victorias para lucimiento personal, él se preocupa por vencer al verdadero enemigo: el mal, lo malo para su gente; él quiere preservar la vida, la paz y la prosperidad de su pueblo. La guerra es un mal, a veces necesario, ella sirve entonces para aplastar y destruir al mal y a lo que es malo para sus gobernados: Él vence a ese enemigo hasta en sus raíces y en sus manifestaciones. La guerra inevitable y necesaria es aquella que gana y vence absoluta y completamente al mal. Combatir, aplastar, ese mal para dar vida, para dar paz. Si el pueblo sufre por culpa de algunos, si el pueblo es atropellado en sus derechos por algunos, entonces, hay que combatir y eliminar las causas y a aquellos que están al origen de esos sufrimientos.

El Jefe, los dirigentes de un pueblo, los servidores públicos, deben actuar según sus mandatos y sus funciones, teniendo en cuenta los derechos y obligaciones que tenemos todos como seres humanos. Responsabilidades diferentes para cada ser humano según su lugar y su función, la dignidad de todo ser humano debe ser respetada no importa qué grado de responsabilidad se tenga. El Jefe y sus asistentes guían al pueblo y así el pueblo será la viva imagen de sus dirigentes.

Por eso el Jefe vigila a sus colaboradores para que no opriman al pueblo, para que la justicia sea el parámetro, el referente, de las leyes y de su aplicación. Tener especial cuidado en esto es necesario para evitar la traición, las conspiraciones abiertas o encubiertas. El Jefe puede ser excelente pero si sus colaboradores son injustos y oprimen al pueblo, éste se rebelará tarde o temprano. Mantener el control sobre los colaboradores, los generales; cuando ellos buscan el poder, el beneficio personal, de lo contrario, ellos trataran mal al pueblo.

El pueblo descontento, primero se volteará contra el Jefe y así se creará la oportunidad para que los colaboradores del Jefe lo abandonen, lo traicionen y quieran tomar el poder. El ser humano es uno sólo: pies, manos, cabeza y todos las partes del cuerpo forman una unidad. Así el cuerpo social funcionará cuando la cabeza pueda contar, apoyarse, sobre todos y cada uno de sus miembros, cada uno de ellos actuando según su posición y su función.

El Jefe debe ser y es perspicaz, fuerte y mantiene todo bajo control. El se perfecciona en el arte de la estrategia a todos los niveles y en todas las áreas: de la guerra, de las políticas sociales, culturales, etc. Él aprecia con exactitud las situaciones y desarrolla la capacidad de prever, de ver con lucidez, de anticipar guerras, disturbios y dificultades. Este Jefe ataca y vence antes de que el enemigo se fortalezca. En la paz se prepara para las guerras posibles, pero en la guerra actúa por la paz. Él previene y anticipa los acontecimientos, combate y aniquila los males y todo aquello que va contra la paz y la prosperidad. La guerra y los disturbios no lo sorprenden, él tiene gente fiel e inteligente que le ayuda a tener una visión clara y penetrante de todo, para poder actuar antes de que sea demasiado tarde. Él está atento al fluir de todas las fuerzas, a su dirección, a sus metas y actúa antes de que esas fuerzas empiecen a crecer, a amenazarlo y a sorprenderlo. Si él no está atento a esas fuerzas y dinamismos, correrá peligro, por eso, él dirige y encauza esas dinámicas para triunfar, para vencer; de esa manera le costará menos esfuerzo, menos daños, menos guerras.

Si ya es difícil percibir en sí mismo el sentido de las acciones, de los movimientos, de las emociones, con mayor razón será difícil percibirlo en los colaboradores, en el enemigo, sin embargo, esta percepción es arte e inteligencia. El Jefe tendrá éxito cuando sea capaz de anticipar, de percibir todo antes de que se manifieste; él actúa y dirige todo hacia el logro de metas y objetivos que él se propone.

La estrategia es parte de todas las artes marciales, de todas las guerras, de la política, de la estética y otras. Como

Maquiavelo lo mostró, el arte del engaño es el arte de jugar y de actuar con las apariencias, con las intenciones, con las metas, con la realidad. El arte del engaño practicado con maestría dará la victoria a ese artista, a ese Jefe estratega. Las cualidades de ese experto estratega son: la astucia, la lucidez, la voluntad, la previsión, la improvisación y la adaptación según los acontecimientos y los cambios. Por eso es un artista, un experto consumado. Es al enemigo, al mal, a los que hay que engañar y vencer haciéndolos caer en las trampas, en los engaños, puesto que la meta real es la paz, la justicia y el bien público. El Jefe será seguido por sus gobernados, aun cuando éstos se den cuenta de los engaños y estratagemas que su líder utiliza; ellos saben que el engaño no es más que un instrumento que su Jefe maneja para el beneficio de todos. Es al enemigo a quien el Jefe engaña y vence, por eso adquiere más autoridad y más poder.

La mentira y el engaño son útiles para lograr las metas que el líder se propone. Así como la fe desplaza montañas, así la confianza logrará, aun por medio del engaño, que el Jefe pueda alcanzar la meta que es el bien público, esa confianza puede ser tan sólida y profunda que las acciones que de ella se deriven serán creadoras de valores. Dicho así, parecería que el fin justifica los medios, pero cuando el fin es el bien común, los medios utilizados nunca dañarán al pueblo. Es contra el enemigo que el Jefe actúa, es al enemigo a quien él engaña. Por eso, en el arte de la guerra militar, social o política, la estrategia del Jefe es letal contra el enemigo público y nunca dañará a sus gobernados.

El movimiento según el fluir de los seres, la adaptación al ritmo del universo, el no apego, la no obstinación, la atención fluida, todo eso permitirá conocer y actuar triunfalmente. Cuando el líder se estanca, se obstina y se obsesiona o se paraliza, entonces él muestra su talón de Aquiles. Ágil de espíritu, rápido en el movimiento y en la adaptación, así es el experto estratega, el artista de la guerra. Así el Jefe será victorioso, él no es pasivo ni precipitado, él está en equilibrio y en sincronía con el ritmo del Universo, puesto que él tiene una mente capaz, atenta y lúcida. Este líder no interfiere, no interrumpe esta armonía, se adhiere y se identifica con ella.

En cualquier combate de arte marcial o de guerra, es importante ser imperturbable, no dejarse presionar por actos o palabras, propios o ajenos; sólo así el Jefe podrá prever, adivinar y actuar en consecuencia contra el enemigo, preparará su ataque y lo llevará a cabo con máxima eficiencia y seguro de la victoria. Un Jefe así, un tal estratega, no se deja perturbar por sus deseos, ni por sus impulsos, ni por sus intereses personales; él está atento a ser él mismo, a identificar, a conocer y a llevar a la realidad de su gente los altos valores de justicia y de bien común.

El gobernante es impenetrable para sus enemigos. Modesto, humilde, misterioso, ecuánime, esto en apariencia y en la realidad. Este conjunto de cualidades le permitirá, llegado el momento, actuar con fuerza, eficiencia y tener la plena seguridad de vencer al enemigo del bien de su pueblo, de esta forma lo desconcierta y lo toma desprevenido. Fintar, engañar, utilizar ese arte del engaño: hacerle creer una cosa pero hacer otra; la meta es vencer a ese enemigo militar, político, social o cualquier otro.

La utilización adecuada y total de los medios con los que el Jefe dispone le hará sortear con éxito todas las dificultades. Él no depende de lo que le den, ni de lo que pueda conseguir de manera indebida, con riesgo de violentar injustamente a sus gobernados. El estratega mata al enemigo con sus propias armas, pero sin obsesionarse con querer quitarle el poder, más bien, utilizar ese arte del engaño para vencerle de tal manera que sea el propio enemigo quien le entregue sus armas y el poder así podrá aniquilarlo inmediatamente. El enemigo caerá en la trampa y el Jefe acabará con el enemigo ya debilitado, usando todo su poder y toda su fuerza. En las labores de engaño y de la acción, los colaboradores del Jefe deben ser aptos y fieles, actuando incondicionalmente y con inteligencia.

Por eso, en el arte de la guerra el líder aprende a vencer siempre, en cualquier lugar, con lo que tiene, sin obsesión enfermiza por arrebatar, atacar, aniquilar. En armonía y equilibrio, mente y corazón unidos. La fijación, la obsesión, sólo revelan los puntos débiles. El Jefe permanece misterioso delante del enemigo. Así, el Jefe conocerá los tiempos y el ritmo de los seres y del acontecer universal, puesto que su cuerpo, su corazón y su mente son un sólo ser.

Esta atención es equilibrio, es docilidad y estar listo para moverse o detenerse, según el ritmo de los acontecimientos. El estar atento desde el interior permite al Jefe conocer intuitivamente de manera total y completa al enemigo. Conocer intuitivamente sus intenciones, sus movimientos, su fuerza, su debilidad; conocer intuitivamente el momento y el lugar para atacar, detenerse, esconderse, nunca perder de vista el objetivo, actuar con sorpresa, inteligencia, astucia, y hasta saber utilizar el engaño. Para llegar a tal virtuosismo, el estratega debe iniciarse, aprender, practicar con voluntad y constancia. El resultado será hacer de ese líder un experto en el arte de la guerra, en todas y en todo tipo de guerras.

Ese conocimiento es ver, y prever las raíces, las causas de todos los movimientos y acciones del enemigo, es penetrar sus intenciones, es descubrir sus objetivos, sus metas, y los medios de los que dispone para lograrlos. Después de esto el estratega acumula, concentra las fuerzas y las energías, para en el momento oportuno atacar y vencer. Sigue en equilibrio y concentrado en el objetivo pero sin fijación ni obsesión; él se entrena viendo todo, oyendo todo, en perfecta sincronía con el ritmo universal. Se entrena abriendo sus ojos físicos, del corazón y del espíritu, pero sin olvidar ayudarse con los ojos y oídos de sus colaboradores.

Frente a los problemas, los conflictos, las guerras, el Jefe estratega tiene muchos caminos: atacar y aplastar, correr en retirada, atraer a una emboscada, negociar con o sin ventaja, evitar la pelea o la guerra. Él sabe cómo y cuándo actuar, de tal o cual manera. Todo es cuestión de adaptación a tiempos, espacios, medios de los que dispone, etc. Adaptación activa, inteligente, rápida y eficiente.

En el arte de la guerra aprende a ser objetivo cuándo lo aplica. Él es amoral más no inmoral; su actuación es decidida, con objetivos claros, nunca en pos de intereses propios o particulares, el bien general, el de todos y el de cada uno, da valor y legitimidad a su actuar y a los medios utilizados para conseguir ese objetivo. Su fe en él mismo es inquebrantable, fe en sus objetivos y en su triunfo. Esa meta es el bien general, por eso mismo el mal, el enemigo de su pueblo, debe ser vencido, aniquilado sin vacilación, sin remordimiento, con decisión, inteligencia y si es necesario con la fuerza.

Tácticas (de guerra, de gobierno).

1.- Comentarios, interpretación, sobre la presentación que Thomas Cleary hace de algunos movimientos propuestos por Miyamoto Musashi en el "Libro de los 5 anillos". Trataré de aplicarlos y adaptarlos a todas las luchas y guerras que el general, el líder, el gobernante, actuales, enfrentan en nuestras sociedades.

Estas tácticas, aunque fueron escritas en tiempos y geografías diferentes, son de gran utilidad para los que aspiran a la conquista, al ejercicio y a la conservación del poder. Ellas ayudarán a derrotar a los enemigos en la consecución de esa meta, y a derrotar a los que se oponen al bien general que es la meta suprema del que accede al poder. El Jefe, el líder, debe, ante todo, querer ser un experto estratega, querer lograr la victoria, ha de olvidarse del interés y del lucimiento personal. Si actúa con fe en él mismo será invencible en la batalla contra el enemigo, contra el mal que azota y oprime a su pueblo: la pobreza, la violencia, los corruptos, los traidores etc.

Primero el Jefe debe estar en armonía y en sincronía con ese ritmo de los seres y de las cosas. Observarlos, conocerlos, con el corazón y con el cerebro; fluir con ellos, sin obsesiones y sin fijaciones. Entonces, el Jefe detectará cuando el enemigo flaquee, cuando pierda ritmo, cuando se abran brechas; ese será el momento de atacar, de aplastar, de desmoronar al adversario, no dejarlo respirar, no dejar que se recupere, ir con toda la fuerza, según el plan elaborado, con miras a la victoria total. No dejar de luchar y aplastarlo hasta el aniquilamiento absoluto.

Ha de quedar claro que el ataque no debe hacerse a ciegas, ni sin plan. Aplicando este consejo el Jefe tiene una estrategia clara, completa, total, por eso, las tácticas y la estrategia son complementarias. La fuerza sin lucidez, sin inteligencia, es un caballo desbocado, sin rienda, sin jinete. El Jefe no tiene dudas ni escrúpulos cuando enfrenta a los enemigos y cuando los tiene que aplastar si los ve desmoronándose: corta la cabeza de la serpiente, mátala, aprovecha sus descuidos y sus debilidades. Para eso el Jefe estará siempre atento, vigilante, para detectar el momento oportuno. El Jefe no está solo, tiene colaboradores, (sus ojos y sus oídos: inteligencia militar, policiaca, social) que le ayudarán a conocer y comprender al enemigo, los tiempos y los espacios para actuar.

2.- A veces el enemigo es capaz de ocultar sus metas, sus tácticas, y entonces el Jefe estratega desconoce sus movimientos, no obstante, el artista estratega juega con las apariencias, él es un maestro en el arte del engaño. Él tendrá que actuar engañando al enemigo, pero sin arriesgarse demasiado. Fingir fuerza y ataque, para provocar reacciones y movimientos en el enemigo. Todo debe estar bien planeado y debe actuar con cautela y prudencia, pero con valor y determinación, no comprometer ni revelar las fuerzas que necesitará para contraatacar y atacar.

Cuando el adversario ataque o reaccione, el Jefe irá al encuentro de esa fuerza naciente y la detendrá en su principio. Luego aprovecha los momentos de duda y de desconcierto del adversario para neutralizar toda fuente de poder enemigo, atacarlas y destruirlas. Él se adapta al momento y a la necesidad de actuar o de no actuar. Él toma la iniciativa e impone las condiciones del combate según sus necesidades, momentos y, también, según las fuerzas de las que dispone. Él no claudica, destruye toda motivación del adversario, cuando éste se desconcierta o duda, entonces el Jefe ataca y lo destruye totalmente con fuerza letal.

3.- Cambiar el ritmo al enemigo es otra táctica. Cuando el enemigo ataca con entusiasmo, determinación y fuerza, es momento para que el Jefe ordene un comportamiento y una actuación defensiva, prudente, que haga que el enemigo se confíe y baje así la intensidad de su ataque. Cuando esto suceda, el Jefe ordenará atacar con violencia, aprovechando ese cambio de ánimo y de ritmo. En ese primer tiempo es como pelearse con el aire, pero en el segundo momento, una vez calmado y confiado el enemigo, debe tener la fuerza y rapidez para contraatacar, aplastar sin contemplaciones y vencer. Para actuar así, el Jefe y sus colaboradores están atentos, en equilibrio, sin fijación ni obsesión.

4.- Cambiar el ritmo sí, pero, también, distraer. La distracción hay que fabricarla, hay que provocarla. Al cambiar el ritmo el Jefe ya sorprendió al enemigo, al distraerlo no le permitirá reaccionar a tiempo frente a un ataque. Las distracciones el Jefe las acompaña con estratagemas y engaños. En los humanos las emociones y los sentimientos obedecen a las sensaciones y a las percepciones, todos somos sensibles a ellas y éstas provocan distracciones. Un Jefe experto en el arte de la guerra sabe estimular y así distraer al enemigo, para luego atacarlo con fuerza y velocidad, no le da tiempo de moverse ni de respirar. Provocar esas distracciones necesita que el Jefe tenga conocimiento y experiencia práctica de la naturaleza humana física, psicológica y emocional.

Distraer al enemigo con sus propios sentidos. El ser humano es atraído por lo que le gusta sensorialmente. Los ojos y la imaginación hacen soñar, distraen. Hacer ver e imaginar al enemigo cosas que le gustan, para que así focalice su atención, estando atraído y distraído, será el momento ideal de un ataque fulminante.

Hacerle ver e imaginar al enemigo algo terrible para que, sometido al miedo y al terror, se encierre en su miedo, lo qué le impedirá ver correctamente la situación. La imaginación hará el resto de la tarea. El estratega estará atento al momento de entrar en acción y al modo de ejecutar los movimientos que lleven a acabar con el enemigo. El miedo imagina, desconcierta, presiona, hace perder la objetividad, nubla la vista. El Jefe estratega intuye cuándo es el momento de atacar y cómo aniquilar al enemigo, aprovechando ese conocimiento de la naturaleza humana.

5.- Los factores que permitirán al Jefe conocer el momento de atacar al enemigo son: su inactividad, su cansancio, su aburrimiento. Las rutinas lo paralizan, lo someten a gran presión, pues le causan somnolencia, monotonía, tedio; de esta manera el enemigo se vuelve presa fácil para el estratega lúcido y decidido que aprovecha esas distracciones, esos tiempos perdidos. Él pone la mente y la imaginación del enemigo a trabajar, a exagerar. Él crea inquietudes y todo eso hace que el adversario pierda claridad y objetividad. El experto en el arte de la guerra sabrá aprovechar esas facilidades que le concede el enemigo y lo vencerá.

6.- Cuando en la lucha el Jefe se ve en aprietos, se sabe en desventaja; se amarra, entra en clinch; se abraza, se acerca, se pega al adversario, de tal manera que éste no pueda moverse, ni atacar, ni conectar golpes. En cambio, el Jefe tratará de aprovechar cualquier oportunidad para conectar golpes definitivos, también estará atento a no tener descuidos ni distracciones. A esto lo hemos llamado estar en equilibrio, en armonía con el movimiento del Universo, así, el Jefe podrá evitar que la fuerza del enemigo se desarrolle y lo golpee, pues estará tan cerca que el adversario no podrá moverse y tan lejos que él no podrá conectarlo. El Jefe utiliza más la velocidad que la fuerza. En equilibrio y con mente ágil, él neutraliza primero al enemigo y luego lo ataca con prontitud, decisión, fuerza y eficiencia, en el momento y en el lugar idóneo.

7.- En las batallas, en la política, en todos los ámbitos, en sentido propio y figurado, el hábil estratega nunca atacará cuando se vea de frente, en campo abierto y con desventaja. Él espera que el enemigo se acerque para atacarlo por los flancos, para moverse y hacer rotaciones, no presenta ni frente ni superficie. El estratega atacará cuando la distancia le sea favorable y le permita maniobras de distracción, él está en constante movimiento, en rotación, y lanzará un ataque relámpago con fuerza, con precisión y penetrando profundo hasta dislocar al enemigo. Él es rápido al moverse: al retirarse, al volver a atacar. El Jefe está atento para atacar los flancos, las coyunturas, el talón de Aquiles, y destruirlos rápidamente. De esta manera el enemigo no se refuerza, ni se repone en número. El enemigo no podrá voltearse ni volver a atacar. Desangrar al enemigo, acicatearlo, atosigarlo, sin dilación ni descanso. Estar muy atento al momento en que se le pueda dar la estocada final, la puntilla. Inteligencia, velocidad, fuerza y constancia; son algunos factores para vencer al enemigo de manera definitiva, total.

8.- El hábil estratega es un maestro del engaño: crea confusión, esconde y disfraza intenciones; sus actos crean inquietud, confunde al enemigo con cambios de dirección y de ritmo, con cambios de intensidad; él confunde al enemigo actuando con decisión, serenidad y parece inmóvil o agitado, creando así dudas, confusión, desconcentración en el adversario. El Jefe tiene a merced a su presa, la ataca y la aniquila.

Cuando se tiene al enemigo a merced, entonces no sólo hay que vencerlo, hay que aniquilarlo. Así el Jefe evitará venganzas, evitará el fortalecimiento y el contraataque enemigos, evitará, también, el alargue de la guerra. Nunca perdonar a un enemigo débil, desconcertado, a merced; hacerlo es arriesgarse a venganzas fatales.

El Jefe es justo, pero también es lúcido y sabe cuándo hay que aplastar al enemigo, vencer ese mal que puede revertirse contra él, contra el bien de sus gobernados. Como rayo fulgurante y mortal el Jefe acaba totalmente con el enemigo, no le permite ni respiro ni resurgimiento. Él es ejemplo de poder, de justicia, evita que el mal, el enemigo, puedan resurgir: la compasión es para su gente y está al servicio del bien, la compasión nunca es para el enemigo, nunca al servicio del mal.

9.- Errar es humano, pero repetir los mismos errores es tontería y esta trae consecuencias. Un Jefe: estadista, militar, líder, puede después de un análisis minucioso, creer tener la táctica correcta y luego intentar maniobras, pero debe estar muy atento para poder darse cuenta de sus equivocaciones. También ha de tener la capacidad de corregir, cambiar de táctica, adaptándose a tiempos, lugares y circunstancias. El Jefe no se tarda, no se precipita, no se obstina en sus errores.

La repetición de errores y la obstinación en continuar haciéndolos es una actitud creadora de catástrofes. El Jefe estratega tiene que analizar, reflexionar, adaptar rápidamente, cambiar las tácticas y las estrategias, así evitará que el enemigo aproveche errores y debilidades Todo eso, causado por la obstinación, le impide ver claramente y actuar como el fino estratega lo haría.

El enemigo sabe muy bien cómo lo han vencido: con base a la fuerza, con habilidad, y si, además, el vencedor hace que también se dé cuenta de la inutilidad de su resistencia, entonces, el enemigo ya está derrotado y a su merced, el Jefe debe acabarlo. El estratega hábil tratará de mostrar con su accionar integral, definitivo, que toda resistencia es inútil: derrotarlo interiormente, destruir su confianza, sus esperanzas, inmovilizarlo y hacer que ya no luche, pues, muerta su fe, su esperanza, sus aspiraciones; él ya murió con ellas y no podrá ni luchar ni vencer. Si sólo derrotamos su poderío militar, su fuerza material, entonces, él luchará con locura, desesperación y hasta la muerte con lo que tiene y lo que está a su alcance, pues todavía conserva la fe en su causa. Por eso, el estratega destruye la fe, los valores enemigos, con obra de inteligencia militar, policiaca, social; con la propaganda y utilizando los medios de información. Así debilita al enemigo hasta matar toda esperanza y confianza, la lucha, la resistencia, no tienen ya más razón de ser. Muerta su alma, muerto su corazón, no hay más aspiraciones ni ambiciones.

Memoria

Un experto en el arte de la guerra, es un estratega, es un Jefe. El Jefe es capaz de análisis y de autocrítica, él sabe cuándo y cómo hay que cambiar; él, sus actos, sus tácticas. Los tiempos y los espacios son a cada momento y situación nuevos, por eso él se renueva a cada instante con ellos. Estancarse es peligroso, adaptarse y renovarse es vida. La costumbre crea rutinas, las rutinas crean ceguera, la catástrofe es inminente. Aún en la repetición hay que renovarse, por medio de la conciencia, de la reflexión, del análisis…Así cualquier acto o situación pueden ser renovados, vivificados; así también el Jefe evita de presentar flancos o debilidades al enemigo. Este líder está atento a los detalles, atento a la perspectiva, se adapta de manera rápida y natural; eso es fluir con el ritmo del universo, eso es actuar como el agua que se filtra, se insinúa, se adapta, se amolda y nada resiste a su accionar.

Un Jefe experto en el arte de la guerra, es hábil, capaz, eficiente, tiene conocimiento de sí mismo: de sus habilidades y limitaciones. Además tiene conocimiento de sus gobernados:

sus soldados, su gente de todas las clases; pero además es atento, justo. Él conoce al enemigo tan bien como a su gente. Conociéndolos podrá leer sus corazones y sus mentes; así podrá actuar sin duda ni temor; ese es el arte de la ventaja: nada ni nadie le es desconocido.

Parece ser y es una tarea difícil, pero este verdadero Jefe se mantiene en equilibrio y en sincronía con el ritmo y el palpitar del universo, gracias a la reflexión y a un estado de conciencia plena. Él es un líder para su pueblo y el vencedor de sus enemigos; él los conoce bien a los dos, para bien de unos y para perdición de sus adversarios.

El gran Jefe: estadista, militar, político…tiene disciplina, ética. Parecería todo esto un puro idealismo, "une vue de l´esprit", sin embargo es la realidad que persiguen, no sólo él, sino también todos los que quieren el poder y los que viven de la política, de las guerras…Serán juegos de muerte y de desdicha si no se busca este saber y este saber ser, al que se le llama estrategia, arte de la guerra. Éste es amoral, más no débil ni inmoral, puesto que su acción es para el bien del pueblo, y por la justicia. El estratega es un experto en el arte de la guerra y así conquista, ejerce y conserva el poder para el bien de sus gobernados.

"Permanece firme y sé responsable de ti mismo. Presta atención a tu mente y toma la responsabilidad de ti mismo".

Susuki Shosan [9]

---

[9]   Thomas Cleary en *El Arte Japonés de la Guerra*, Edaf (1996)

Bibliografía

- Christopher Hellman, *La mente del samurai*, Editorial Kairós (2012)

- Lao-Tse, *Tao Te King*, Mandala Ediciones (2012)
- Lie-Tse, *Tratado del vacío*, José Olañeta Editor (2010)

- Mao-Tse-Tung, *Libro Rojo*, Fundamentos (1976)
- Miyamoto Musashi, *Libro de los 5 anillos*, Dojo Ediciones (2010)

- Morihei Ueshiba, *El arte de la paz*, Editorial Kairós (2009)

- Sun-Tzu, *El arte de la guerra*, Random House Español (2012)

- Tchouang Tseu, *Oeuvre complète*, Folio (2011)

- Thierry Ménissier en su análisis de *Le Prince de Nicolas Machiavel Collection:* Les Classiques Hatier de la Philosophie (1999)

- Thomas Cleary en *El Arte Japonés de la Guerra*, Edaf (1996)

Estrategia
quedó totalmente impreso y
encuadernado en marzo de 2015.
La labor se realizó en los talleres de
Aqua Ediciones, S.A de C.V.

www.ingramcontent.com/pod-product-compliance
Lightning Source LLC
Chambersburg PA
CBHW022119280326
41933CB00007B/463